W0468838

ullstein

Das Buch

»Verspüren Sie bisweilen in Ihrem Bauch das Gefühl des Alleinseins und der Leere? Fühlen Sie sich manchmal einsam – auch im Beisein eines oder mehrerer Menschen? Unser Alleinsein und unsere Einsamkeit kommen von der inneren Abgetrenntheit unseres inneren Erwachsenen von unserem inneren Kind.«
Deshalb: Geben Sie Ihrem inneren Kind eine Chance! Erschließen Sie sich die Quelle von Lebensfreude und Kreativität!
Auf der Grundlage ihrer bahnbrechenden Prinzipien aus ihrem Bestseller *Aussöhnung mit dem inneren Kind* haben die beiden Autorinnen ein praktisches Arbeitsbuch entwickelt: Es führt Sie durch einen sanften, aber wirkungsvollen Prozeß in sechs leichten Schritten – damit Sie durch die Integration des Kindes in Ihnen Ihr volles Potential entfalten können.

Die Autorinnen

Dr. Erika Chopich ist als Psychotherapeutin mit eigener Praxis tätig. Sie entwickelte zusammen mit Margaret Paul die als Inner Bonding bezeichnete Therapieform und lebt derzeit in Santa Fé.
Dr. Margaret Paul, Autorin mehrerer Bücher, arbeitet seit mehr als zwanzig Jahren in der Nähe von Los Angeles, ebenfalls als Psychotherapeutin mit eigener Praxis. Zudem gibt sie Seminare in den Vereinigten Staaten.

Von Erika J. Chopich und Margaret Paul ist in unserem Hause außerdem erschienen:

Aussöhnung mit dem inneren Kind

Erika J. Chopich
und Margaret Paul

Das Arbeitsbuch

zur Aussöhnung mit dem inneren Kind

Aus dem Amerikanischen
von Tatjana Kruse

Ullstein

Besuchen Sie uns im Internet:
www.ullstein-buchverlage.de

MIX
Papier aus verantwortungsvollen Quellen
FSC
www.fsc.org
FSC® C083411

Neuausgabe im Ullstein Taschenbuch
1. Auflage Juni 2019
© für die deutsche Ausgabe Ullstein Buchverlage GmbH, Berlin 2005
© 1993 by Erika J. Chopich und Margaret Paul
Titel der amerikanischen Originalausgabe: *The Healing Your Aloneness Workbook*
Umschlaggestaltung: zero-media.net, München
Titelabbildung: © FinePic®, München
Gesetzt aus der Palatino
Druck und Bindearbeiten: CPI books GmbH, Leck
ISBN 978-3-548-06048-4

Meiner Mutter »Cay«, deren Lachen und Staunen immer bei mir sein werden. Danke, Mom ...

Erika J. Chopich

All meinen Patienten und Patientinnen und allen von Ihnen, die an meinen Workshops teilnehmen: danke für das Privileg, das Wunder des Inner Bonding mit Ihnen zu teilen.

Margaret Paul

Inhalt

Einleitung 9

Kapitel 1 Inner Bonding 11

Kapitel 2 Die Entdeckung Ihres inneren Kindes 19

Kapitel 3 Co-Abhängigkeit contra Ganzheit: Wodurch wird das Gefühlsleben Ihres inneren Kindes bestimmt? 40

Kapitel 4 Was Sie von Ihren Eltern lernten 59

Kapitel 5 Was ist der Kern meines Wesens? Wer ist mein natürliches inneres Kind? 74

Kapitel 6 Die Adoptionsentscheidung: Entscheiden Sie sich für die Absicht zu lernen 92

Kapitel 7 Dialog mit Ihrem inneren Kind 102

Kapitel 8 Vertiefung des Inner Bonding 120

Kapitel 9 Liebevolles Handeln 157

Kapitel 10 Wenn man feststeckt: den Ängsten ins Gesicht sehen 179

Kapitel 11 Inner Bonding feiern 191

Einleitung

Dieses Arbeitsbuch will Ihnen helfen, den Prozeß des *Inner Bonding* zu erfahren. Es wird Sie lehren, in Kontakt zu Ihrem inneren Wesenskern – Ihrem inneren Kind – zu treten und es näher kennenzulernen. Auf dieser Grundlage können Sie sich eine liebevolle Beziehung zwischen Ihrem inneren Erwachsenen und Ihrem inneren Kind erarbeiten. Sie werden sich bewußtmachen, auf welche Weise Sie Ihrem inneren Kind ein wenig liebevoller Vater bzw. eine wenig liebevolle Mutter waren, und das wird Ihnen helfen, diesem Kind ein liebevoller Erwachsener zu werden. Letztendlich heilen Sie so die Wunden der Vergangenheit und bringen Liebe und Freude in Ihr gegenwärtiges Leben.

Inner Bonding ist ein tiefgreifender Prozeß, der im Laufe der Zeit einen kraftvollen und liebevollen inneren Erwachsenen hervorbringt, der fähig ist, die Kindheitstraumata und die daraus resultierenden falschen Glaubensmuster, die unseren derzeitigen Schmerz verursachen, offenzulegen und zu heilen. Das Inner Bonding, der Aufbau einer liebevollen Beziehung zwischen Ihrem Erwachsenen und Ihrem inneren Kind, führt zu einer Verbesserung Ihrer inneren Beziehung zu sich selbst. Dadurch verbessern sich auch alle anderen Beziehungen – zu Ihrer Familie, Ihren Freunden, Ihren Kollegen und Kolleginnen. Inner Bonding bewirkt ein Leben in Liebe, Freude und Freiheit. Sie werden Ihre Lebenslust entdecken und sowohl Ihre Spiritualität als auch den liebevollen Umgang mit sich selbst und mit anderen vertiefen. Inner Bonding führt Sie zur Ganzheit.

Der Prozeß des Inner Bonding wird in den Büchern *Aussöhnung mit dem inneren Kind* von Erika Chopich und Margaret Paul beschrieben sowie in *Inner Bonding* von Margaret Paul. Die Lektüre dieser Bücher ist äußerst hilfreich; Sie gewinnen dadurch ein tiefes Verständnis des Inner-Bonding-Prozesses. Für dieses Arbeitsbuch ist die Lektüre jedoch nicht Voraussetzung.

Dieses Arbeitsbuch ist zu Ihrem persönlichen Gebrauch gedacht. Schreiben Sie in die Leerräume hinein. Wenn Sie mehr Platz zum Schreiben benötigen, nehmen Sie ein Blatt Papier, und schreiben Sie darauf weiter. Oder überlegen Sie, ob Sie nicht ein Inner-Bonding-Tagebuch führen wollen.

Wenn Sie eine Frage nicht beantworten können, weil Sie die Antwort darauf nicht wissen oder sich nicht an die Vergangenheit erinnern, dann lassen Sie diese Frage vorerst aus, und kehren Sie später zu ihr zurück. Wenn Sie tiefer in den Inner-Bonding-Prozeß eindringen und das innere Band zwischen Ihrem Erwachsenen und Ihrem Kind fester und liebevoller wird, tauchen weitere Informationen und Erinnerungen auf. Aus diesem Grund können Sie dieses Arbeitsbuch auch mehrmals durchgehen und in regelmäßigen Zeitabständen das hinzufügen, was Sie in der Zwischenzeit entdeckt haben.

1

Inner Bonding

Verspüren Sie bisweilen in Ihrem Bauch das Gefühl des Alleinseins und der Leere?

Fühlen Sie sich manchmal einsam, auch im Beisein eines oder mehrerer Menschen und sogar nach dem Liebesspiel?

Unser Alleinsein und unsere Einsamkeit kommen von der inneren Abgetrenntheit unseres inneren Erwachsenen von unserem inneren Kind. Inner Bonding nennen wir die von uns entwickelte Therapie, mit der Sie diese innere Kluft heilen und »ganz« werden können.

Wesentlich für das Inner Bonding ist ein grundsätzliches Verständnis der Begriffe, die wir in diesem Arbeitsbuch durchgängig verwenden: Absicht, liebevolles Verhalten, inneres Kind, innerer Erwachsener, falsche Glaubensmuster, Ego, Höheres Selbst und Co-Abhängigkeit.

Absicht

Unsere Absicht ist unser stärkstes Motiv, unser Zweck in jedem Augenblick unseres Lebens.[1] In unseren Interaktionen mit uns selbst und anderen können wir immer nur eine von zwei Absichten verfolgen: *uns zu schützen (zu vermeiden)* oder *zu lernen*. Mit unserer Absicht zu schützen wollen wir uns vor unserer Erfahrung des Schmerzes und unserer Verantwortung dafür schützen. Bei unserer Absicht zu lernen sind wir bereit, unseren Schmerz zu fühlen und zu verstehen, wie wir unseren Schmerz erschaffen. Wir wollen die Verantwortung übernehmen und den Schmerz aus der Vergangenheit heilen, und wir wollen so handeln,

[1] Um den Begriff der Absicht besser zu verstehen, empfehlen wir die Lektüre von *Do I Have To Give Up Me To Be Loved By You? The Workbook* (Früher – *From Conflict to Caring* Minneapolis: CompCare, 1989), *Do I Have To Give Up Me To Be Loved By My Kids?* (Minneapolis: CompCare, 1987) sowie *Do I Have To Give Up Me To Be Loved By You?* (Minneapolis: CompCare, 1983).

daß wir den Schmerz der Gegenwart lindern und uns selbst Freude schenken. In jedem Augenblick unseres Lebens haben wir entweder die Absicht, zu schützen und zu vermeiden, oder die Absicht zu lernen.

Liebevolles Verhalten

Wir verhalten uns liebevoll, wenn wir die volle Verantwortung für unseren Schmerz und unsere Freude übernehmen, wenn wir unser eigenes emotionales und spirituelles Wachstum und das der anderen fürsorglich unterstützen. Die Absicht zu lernen ist liebevolles Verhalten; bei der Absicht zu schützen verhalten wir uns weder uns selbst noch anderen gegenüber liebevoll.

Das innere Kind

Bei unserer Geburt sind wir noch unser inneres Kind, leben wir unser natürliches Selbst, den Kern unseres Wesens: unsere natürlichen Gefühle, Persönlichkeit, unseren Sinn für Humor, unsere Sanftheit, unsere Talente, unsere Weisheit, Kreativität, Verspieltheit, Intuition, Neugier, Spontaneität, Empfindsamkeit, Sinnlichkeit und unser Gespür für Wunder. Unser Kind ist unsere innere Erfahrung der rechten Gehirnhälfte, es drückt sich in unserem Körper als »Bauch«-Gefühl aus.

In jedem Augenblick unseres Lebens fühlt sich unser inneres Kind von unserem erwachsenen Selbst entweder geliebt oder nicht geliebt. Wenn sich unser Kind geliebt fühlt, sind wir in der Lage, mit unserer Kreativität, unserer Leidenschaft und Freude mitzuströmen; wenn sich jedoch unser Kind von unserem Erwachsenen nicht geliebt wähnt, fühlt es sich allein gelassen, leer, einsam, traurig, voller Scham, ängstlich, bange, voller Panik und niedergeschlagen. Wenn wir die Verantwortung für unseren eigenen Schmerz und unsere eigene Freude nicht übernehmen, fühlt sich unser Kind von uns nicht geliebt.

Im Inner Bonding geht es im wesentlichen darum, zu verstehen, was unser inneres Kind braucht, um sich von uns geliebt zu fühlen. Es geht um die Absicht zu lieben und um die Handlungen, die nötig sind, um den Schmerz der Vergangenheit und der Gegenwart zu heilen und uns Freude zu schenken. Inner Bonding ist ein zutiefst kreativer Prozeß, der es uns erlaubt, noch tiefer in das Geheimnis wahrhaft liebevollen und freudvollen Menschseins einzudringen.

Der Erwachsene

Unser Erwachsener ist die Ansammlung erlernten Wissens – unser Intellekt, unsere linke Gehirnhälfte, unser logischer, analytischer und bewußter Verstand. Der Erwachsene beschäftigt sich hauptsächlich mit Gedanken und Handlung, also mit Tun anstatt mit Sein, Fühlen oder Erfahren, dem Wirkungskreis des Kindes. Unser Erwachsener ist der äußere, aktive Aspekt des Tuns, während unser Kind den inneren Aspekt der Erfahrung darstellt. Unser Erwachsener trifft die Wahl hinsichtlich unserer Absicht und den daraus sich ergebenden Handlungen; das heißt, unser Erwachsener wählt die Absicht zu lernen oder die Absicht zu schützen. Ähnlich den Erwachsenen in einer Familie, die entscheiden, wie sie ihre Kinder behandeln – ob sie sie durch autoritäre (kontrollierende) oder freizügige (gleichgültige bzw. nachsichtige) Erziehung schützen wollen oder ob sie offen sind, etwas über Kinder und wie man sie am besten liebt zu lernen –, trifft unser innerer Erwachsener (unser inneres Elternteil) diese Entscheidung hinsichtlich unserer Absicht gegenüber unserem eigenen inneren Kind.

Der liebevolle Erwachsene ist der Teil von uns, der mit der universellen Liebe und Wahrheit verbunden ist. Er ist der Teil von uns, durch den die Energie strömt, die unserem inneren Kind gegenüber liebevolles Handeln möglich macht. Der liebevolle Erwachsene hat immer die Absicht zu lernen.

Das erwachsene Kind

Vom Augenblick unserer Geburt an entwickeln wir unseren Erwachsenen, indem wir die Erwachsenen um uns herum beobachten. Wir entwickeln unsere Vorstellungen darüber, wie wir uns in der Welt uns selbst und anderen gegenüber verhalten sollen, indem wir beobachten, wie unsere Eltern und andere Betreuungspersonen sich selbst behandeln, und indem wir erleben, wie man uns behandelt. Unser Erwachsener lernt von unseren Vorbildern, sich selbst und anderen gegenüber liebevoll oder nicht liebevoll zu verhalten: von unseren Eltern, Geschwistern, Großeltern, anderen Verwandten, Freunden, Lehrern, geistlichen Autoritäten sowie aus Büchern, Kino- und Fernsehfilmen. Die meisten von uns lernen, sich selbst durch Süchte nach Substanzen und Verhaltensweisen, durch übertrieben kontrollierendes Verhalten (zornige Schuldzuweisungen, Drohungen, Kritik, Scham, Gewalt usw.), durch versteckt kontrollierendes Verhalten (behüten, belehren, nachgeben, schmeicheln, verführen) und durch Widerstand (aufschieben, Unfähigkeit, Vergeßlichkeit, Rückzug) vor ihrem Schmerz zu schützen. Wir haben bislang niemanden getroffen, der in seiner Kindheit und Jugend an seinen Eltern oder sonst einem Menschen die Absicht beobachtete und erlebte, über sich, den Partner und die Kinder sowie über die universelle Wahrheit und Liebe zu lernen. Da wir bei der Absicht zu lernen keine Vorbilder haben, halten die meisten von uns diese einfache Vorstellung für eine gewaltige Herausforderung unseres Alltags.

Unser erwachsenes Kind – der nicht liebevolle Erwachsene, zu dem unser ungeliebtes Kind heranwuchs – ist der Teil von uns, den wir nach dem Beispiel des erwachsenen Kindes unserer Eltern oder anderer Betreuungspersonen geformt haben. Viele von uns mußten sehr früh im Leben Verantwortung wie ein Erwachsener übernehmen, weil unsere Eltern uns mißhandelten oder gar nicht da waren. Dieses erwachsene Kind, das wir schon so früh entwickelten, um für unsere Eltern und uns selbst zu sorgen, ist unser verlassenes Kind, der Teil von uns, der voller Schmerz und falscher Glaubenssysteme ist. Unser erwachsenes Kind versucht, diesen Schmerz durch Süchte sowie durch co-abhängiges oder gewalttätiges Verhalten zu betäuben. Unser erwachsenes Kind handelt je nach Situation von verschiedenen Altersstufen her. Manchmal ist es zwei Jahre alt, manchmal zehn Jahre und manchmal ein Teenager.

Das erwachsene Kind hat immer die Absicht zu schützen und ist daher unfähig zur Liebe, unfähig, unseren Schmerz zu erforschen und die falschen Glaubensmuster, die unseren Schmerz erschaffen.

Die meisten von uns haben niemals einen wirklichen Erwachsenen entwickelt, ein liebevolles, inneres Elternteil, das weiß, wie man unser inneres Kind liebt und fürsorglich unterstützt, wie man andere liebt, ohne nachgebendes oder kontrollierendes Verhalten. Ziel des Inner Bonding ist es, diesen liebevollen inneren Erwachsenen zu entwickeln.

Falsche Glaubensmuster

Ein falsches Glaubensmuster ist jede Sicht von uns selbst oder anderen, die uns Angst verursacht. Unsere falschen Glaubensmuster – wie die Überzeugung, wir seien nicht liebenswert –, verursachen einen Großteil unseres Schmerzes; unsere falschen Glaubensmuster sind zumeist Ursache unserer Verhaltensweisen, wie beispielsweise unser kontrollierendes Verhalten, das häufig zu Schmerz führt. Wenn wir glauben, wir seien nicht liebenswert, seien wertlos oder unwichtig, dann werden wir uns normalerweise auf eine Art verhalten, die Ablehnung hervorruft. Unsere falschen Glaubensmuster sind die Lügen, die wir über uns selbst und über andere gelernt haben; sie verursachen unsere Furcht und unsere Angst. Unsere falschen Glaubensmuster sind Teil unseres erwachsenen Kindes.

Das Ego

Inner Bonding verwendet die Definition des Ego gemäß dem Buch *Ein Kurs in Wundern* und der östlichen Philosophie. Das Ego ist das falsche Selbst, die konstruierte Persönlichkeit, die wir aus dem auf Scham basierenden falschen Glauben erschaffen, wir seien schlecht, nicht in Ordnung, nicht liebenswert, seien wertlos, unzulänglich, unwichtig oder voller Fehler. Unser Ego ist die Heimat unserer falschen Glaubensmuster, der Sitz der Lügen, die unsere Furcht und unsere Scham erschaffen. Es ist das Ergebnis unserer Abgetrenntheit von uns selbst und damit von einer Höheren Macht. Unser Ego wurde aus den falschen Schlüssen gebildet, die wir gezogen haben, als uns die Liebe, die wir als kleine Kinder brauchten, vorenthalten wurde und wir daraufhin ein falsches Selbst schufen in dem Bemühen, diese Liebe zu bekommen. *Unser Ego ist unser erwachsenes Kind.*

Das Höhere Selbst

Unser Höheres Selbst leben wir im verbundenen Zustand, dem Zustand des Inner Bonding zwischen dem liebevollen Erwachsenen und dem inneren Kind. Wenn unser Erwachsener sich durch die Absicht zu lernen mit dem inneren Kind verbindet, öffnet sich unser Herz, und wir können in Vereinigung mit anderen und mit unserer Höheren Macht Liebe geben und empfangen. Unser Höheres Selbst ist mit der Wahrheit des Universums verbunden und handelt aus Liebe und Glauben heraus, anstatt aus Furcht und Scham. Unser Höheres Selbst ist der Kanal, durch den unsere Höhere Macht zu uns spricht. Manchmal spricht unsere Höhere Macht durch unser geliebtes Kind zu uns, durch unser Bauchgefühl oder den Vorgang des Fühlens, und manchmal durch unseren liebevollen Erwachsenen, unseren Verstand oder unser Denken. Es ist der Zustand des Inner Bonding, der Verbundenheit, der Zustand des Höheren Selbst, der den Kanal zur höheren Weisheit öffnet.

Co-Abhängigkeit

Wir definieren Co-Abhängigkeit als *äußere Ausrichtung*, das heißt, wir definieren uns selbst außerhalb unserer selbst. Wenn wir die Macht, uns selbst zu definieren, anderen Menschen übergeben, wenn wir unseren Wert und unsere Liebenswürdigkeit durch die Zustimmung oder die Ablehnung anderer Menschen bestimmen lassen, sind wir co-abhängig.

Die oben genannten Begriffe werden Ihnen klarer, wenn Sie dieses Arbeitsbuch durchlesen und durcharbeiten.

Die sechs Schritte des Inner Bonding

Inner Bonding ist ein Prozeß, der aus sechs Schritten besteht. Jeder Schritt erfordert bestimmte Fertigkeiten. Der Sinn dieses Arbeitsbuches ist, Ihnen die Fertigkeiten nahezubringen, um die sechs Schritte zu vollziehen, die Sie vom inneren Konflikt zu innerem Frieden und innerer Freude führen können und vom äußeren Konflikt mit anderen zu Liebe und Verbindung. Diese sechs Schritte sind:

1. Erkennen des inneren Unwohlseins oder Schmerzes: Anspannung, Kummer, Angst, Scham, Enttäuschung, Trauer, Traurigkeit, Einsamkeit, Leere, Alleinsein, Wut, Niedergeschlagenheit, Verstörtheit, Panik. Wir können erst dann etwas über diese Gefühle lernen und sie heilen, wenn wir wissen, daß wir sie haben. Und doch sind viele von uns sehr geschickt darin, sich durch Substanz- und Verhaltenssüchte vor diesem Schmerz zu schützen. Wir schützen uns schon, bevor wir uns des Schmerzes überhaupt bewußt sind.
2. Der Erwachsene wählt die Absicht, etwas über das Unbehagen oder den Schmerz zu lernen.
3. Der Erwachsene spricht mit dem inneren Kind, um mehr über die Quelle des Schmerzes zu erfahren. Zu diesem Dialog gehört es, gemeinsam mit dem erwachsenen Kind die falschen Glaubensmuster, die unseren Schmerz verursachen, zu erforschen und jene früheren Erfahrungen, die unsere Überzeugungen schufen, aufzudecken. Während des Dialogs gestattet der Erwachsene dem Kind, seinem Ärger Luft zu machen und die Trauer loszulassen.
4. Der Erwachsene spricht mit seiner Höheren Macht, um die Wahrheit über die falschen Glaubensmuster zu entdecken und liebevolles Verhalten gegenüber dem inneren Kind zu entwickeln.

5. Der Erwachsene ergreift die notwendigen liebevollen Schritte, um den Schmerz aus Vergangenheit und Gegenwart zu heilen und Freude und Erfüllung zu finden.
6. Der Erwachsene beurteilt sein Tun, um zu sehen, ob es auch dem Bedürfnis des Kindes entspricht; er stimmt sich auf die Folgen seines Tuns ein.

Die Übungen in diesem Arbeitsbuch sollen:

- Ihnen helfen, die Gefühle Ihres inneren Kindes zu erkennen
- Ihnen vermitteln, wie Sie die Absicht zu lernen entwickeln können
- Ihnen vermitteln, wie Sie mit Ihrem inneren Kind, Ihrem erwachsenen Kind und Ihrer Höheren Macht sprechen können
- Ihnen vermitteln, wie Sie Ihren liebevollen Erwachsenen entwickeln können
- Ihnen vermitteln, wie Sie sich liebevoll um Ihr inneres Kind kümmern können – allein sowie im Beisein anderer Menschen

Beim Durcharbeiten dieser Übungen werden Sie die Fertigkeiten erlernen, die Sie benötigen, um das Inner Bonding einzusetzen, wann immer Sie es brauchen, das heißt, wann immer Sie die Erfahrung von Unbehagen oder Schmerz machen.

Tabelle 1, die dem Buch *Inner Bonding* entnommen ist, gibt eine Übersicht zu diesem Weg der sechs Schritte. Indem Sie mit jedem Schritt tiefer und tiefer gehen, wird der Prozeß real, persönlich und praxisbezogen.

Tabelle 1: Wege durch den inneren Konflikt

ERWACHSENER: Gedanke oder Überzeugung
INNERES KIND: Gefühl oder Erfahrung

Verschlossen/lieblos Absicht zu schützen ←	Wahlmöglichkeit des Erwachsenen	→ *Offen/liebevoll* Absicht zu lernen

Verleugnen, nicht berücksichtigen oder ignorieren: Sich von den Gefühlen des inneren Kindes abtrennen. Nicht bereit, Schmerz zu fühlen.	*Erkennen:* Sich mit den Gefühlen des inneren Kindes verbinden. Bereit, Schmerz zu fühlen.
↓	↓
Das innere Kind *verlassen:* Das erwachsene Kind reagiert: Es behandelt das innere Kind wie ein nachlässiges bzw. autoritäres Elternteil. Vermeidet die Verantwortung für Gefühle.	Als liebevoller Erwachsener *reagieren*: Verantwortung wird übernommen; man konzentriert sich nach innen; man stellt dem inneren Kind Fragen mit der Absicht zu lernen.
↓	↓
Co-abhängige Interaktionen: *Nehmend/narzißtisch* (nachlässiges, nachsichtiges erwachsenes Kind) 1. Scheint immer etwas zu benötigen. 2. Verhalten: offene Kontrollen – Schuldzuweisungen, weinen, sich entziehen usw. 3. Gefühle: ablehnend, ängstlich, voller Scham, wütend, Widerstand leistend, einsam. *Umsorgend/einfühlend* (autoritäres erwachsenes Kind) 1. Scheint niemals etwas zu benötigen. 2. Verhalten: verdeckte Kontrollen – nachgeben, zu Gefallen sein, immer mitmachen usw. 3. Gefühle: wütend, reizbar, wie in einer Falle, ausgelaugt, Widerstand leistend, einsam.	Inner-Bonding-Dialog: *Dialog mit dem inneren Kind* („Laß die Bauchgefühle sprechen.") 1. Durch Fragen die Gefühle, Bedürfnisse, falschen Glaubensmuster des inneren Kindes sowie des erwachsenen Kindes erforschen. 2. Das innere Kind antwortet ehrlich; der Erwachsene hört zu und reagiert vorurteilslos. *Dialog mit der Höheren Macht* („Laß Gott sprechen.") 1. Fragen Sie: Was ist die Wahrheit? Was ist liebevolles Verhalten? 2. Hören Sie zu mit der Absicht, von der HöherenMacht zu lernen. Seien Sie bereit, die Antwort zu empfangen.
↓	↓
Aktion: liebloses Verhalten Das erwachsene Kind verhält sich anderen gegenüber sorgend oder bevormundend. Die Trennung von Innen und Außen wächst, und das erwachsene Kind tobt sich in Substanz- und Verhaltenssüchten aus.	*Aktion:* liebevolles Verhalten 1. Täglicher Dialog. 2. Definiert unseren Wert und unsere Liebenswürdigkeit. 3. Setzt Grenzen. 4. Heilt Schmerz und Scham. 5. Handelt so, daß es Freude bringt.
↓	↓
Negative Konsequenzen *Bei sich selbst* Abhängigkeit, Sucht, niedriger Selbstwert, Scham, Hilflosigkeit. *Bei anderen* Getrenntsein, Lieblosigkeit sich selbst und den anderen gegenüber, Isolation, Entfremdung, Beziehungsflucht.	Positive Konsequenzen *Bei sich selbst* INNER BONDING: Selbstwert; ein Gefühl der inneren Macht; frei von Scham und Furcht; in der Lage, Liebe zu geben und zu empfangen und Freude zu erfahren. *Bei anderen* Verbindung, liebevolle Reaktionen, Wechselbeziehung, Nähe, Intimität, tiefere Liebe und gegenseitige Fürsorge.

Copyright © 1992: Aus *Inner Bonding* von Dr. Margaret Paul. Alle Rechte vorbehalten.

2

Die Entdeckung Ihres inneren Kindes

Viele von uns haben ihr inneres Kind so lange ignoriert, daß sie nicht einmal mehr sicher sind, ob sie überhaupt ein inneres Kind haben. Wir trennten uns derart vollständig von unseren Gefühlen ab, daß wir den Kontakt zu unserem eigenen Gefühlsleben verloren. Sie können Ihrem inneren Kind erst dann ein liebevolles Elternteil werden, wenn Sie wissen, daß Sie ein inneres Kind haben, und wenn Sie eine Vorstellung davon entwickeln, wer dieses Kind ist. Am Beginn Ihrer Entdeckung des inneren Kindes ist es oft hilfreich, sich Ihr inneres Kind bildlich vorzustellen, so zu tun, als ob es physisch da sei, insbesondere wenn Sie nicht sicher sind, ob die Stimme, die Sie hören, die Ihres inneren Kindes ist. Lernen Sie, zwischen der Stimme des Erwachsenen und der Stimme des Kindes zu unterscheiden. Das dauert seine Zeit und erfordert Übung.

Stellen Sie sich Ihrem inneren Kind vor

Zum Auftakt der Entdeckung Ihres inneren Kindes ist es oft nützlich, sich Ihrem inneren Kind vorzustellen, gerade so, als ob Sie sich selbst als wirkliches Kind adoptieren würden. Es folgt das Beispiel eines kurzen Einführungsschreibens. Ihr Brief kann so lang oder so kurz sein, wie Sie möchten.

Muster für ein Einführungsschreiben des Erwachsenen an das Kind

Hallo Kleines, ich bin Dein inneres Elternteil. Lange Zeit habe ich Dir nicht viel Aufmerksamkeit geschenkt. Ich nehme an, ich habe Dich aus dem Verkehr gezogen, weil Du mir angst machst. Ich glaube, Du bist die Person, die mich in Schwierigkeiten brachte, als ich noch klein war. Ich weiß, Du brauchst meine Liebe und meine Fürsorge, und ich werde mit Hilfe dieses Arbeitsbuches lernen, wie ich Dich spüren und hören kann und wie ich Dir das geben kann, was Du brauchst. Ich möchte lernen, was es bedeutet, Dich zu lieben. Ich habe versucht, alle anderen dazu zu bringen, Dich zu lieben, und jetzt bin ich an der Reihe und muß lernen, Dir zu geben, was Du brauchst. Ich weiß, ich war nicht gerade besonders nett zu Dir. Ich war nicht da, als Du verletzt warst, und ich habe Dir böse Dinge über Dich erzählt, aber jetzt will ich lernen, Dich zu lieben. Ich kenne Dich noch nicht, aber ich möchte Dich gern kennenlernen. Ich hoffe, Du läßt mich an Dich heran. Ich gebe Dir keine Schuld, wenn Du wütend auf mich bist oder Angst vor mir hast, ich hoffe nur, Du läßt mich diese Gefühle teilen. Selbst wenn Du schweigst und nicht mit mir reden möchtest, werde ich trotzdem lernen, was es heißt, Dich zu lieben.

Verfassen Sie jetzt Ihr eigenes Einführungsschreiben an Ihr inneres Kind. Nehmen Sie ein zusätzliches Blatt Papier, wenn Sie mehr Platz benötigen.

Die Entdeckung Ihres Kindes

Die folgende Übung wird Ihnen helfen, mit der Zeit zwischen Ihrem Kind und Ihrem Erwachsenen zu unterscheiden. Vielleicht können Sie nicht auf alle Fragen eine Anwort finden; beantworten Sie einfach so viele Fragen wie möglich. Bei einigen der Fragen ist die Antwort identisch; d.h., Ihr Erwachsener und Ihr Kind teilen manche Vorlieben und Abneigungen.

➢ Stellen Sie sich vor, Sie betreten einen Videoladen und suchen sich zwei Videos aus – eines für Ihr Kind und eines für Ihren Erwachsenen.

Welches Video würden Sie für Ihr Kind aussuchen?

____

Welches Video würden Sie für Ihren Erwachsenen wählen?

____

➢ Stellen Sie sich vor, Sie sitzen in einem Restaurant und lesen die Speisekarte. Sie wählen ein Gericht für Ihr Kind und ein Gericht für Ihren Erwachsenen aus.

Welches Gericht würden Sie für Ihr Kind aussuchen?

____

Welches Gericht würden Sie für Ihren Erwachsenen wählen?

____

➢ Stellen Sie sich vor, Sie gehen in eine riesige Buchhandlung und kaufen je ein Buch zur Lektüre für Ihr Kind und für Ihren Erwachsenen.

Welches Buch würden Sie für Ihr Kind aussuchen?

____

Welches Buch würden Sie für Ihren Erwachsenen wählen?

____

➢ Stellen Sie sich vor, Sie kaufen in einer Musikhandlung je eine Kassette bzw. eine CD für Ihr Kind und für Ihren Erwachsenen.

Welche CD oder Kassette würden Sie für Ihr Kind aussuchen?

____

Welche CD oder Kassette würden Sie für Ihren Erwachsenen wählen?

➢ Stellen Sie sich vor, Sie verbringen Ihren Feierabend vor dem Fernsehgerät und sehen sich eine Show an.

Wenn sich Ihr Kind eine Sendung aussuchen dürfte, welche würde es wählen?

Wenn sich Ihr Erwachsener eine Sendung aussuchen dürfte, welche würde er wählen?

➢ Denken Sie an die Menschen, die Sie kennen und mit denen Sie Ihre Zeit verbringen.

Wen mag Ihr Kind am liebsten?

Wen mag Ihr Erwachsener am liebsten?

➢ Was für Menschen schätzt Ihr Kind am meisten?

Was für Menschen schätzt Ihr Erwachsener am meisten?

➢ Wenn Sie sich selbst einen Mußetag genehmigen würden:

Was würde Ihr Kind am liebsten tun?

Was würde Ihr Erwachsener am liebsten tun?

Was hält Ihr Kind von der Tätigkeit, der Sie nachgehen?

Was hält Ihr Erwachsener von Ihrer Arbeit?

➢ Wenn Sie sich in diesem Augenblick jeden Beruf aussuchen könnten, den Sie möchten:

Für welche Tätigkeit würde sich Ihr Kind entscheiden?

____

Für welche Tätigkeit würde sich Ihr Erwachsener entscheiden?

____

➢ Welche Kleidung bevorzugt Ihr Kind?

____

Welche Kleidung zieht Ihr Erwachsener vor?

____

Was ist die Lieblingsfarbe Ihres Kindes?

____

Was ist die Lieblingsfarbe Ihres Erwachsenen?

____

Durch diese Übung konnten Sie hoffentlich erkennen, daß es in Wirklichkeit zwei Seiten in Ihnen gibt. Verlieren Sie nicht den Mut, wenn Sie die meisten Fragen nicht beantworten konnten. Legen Sie die Fragen zur Seite, und kehren Sie später zu ihnen zurück, wenn Sie mehr Erfahrung mit Ihrem inneren Kind gesammelt haben.

Visualisierung zur Kontaktaufnahme mit Ihrem inneren Kind

Die folgende Visualisierung kann still vor sich hin gelesen werden, Sie können aber auch jemanden bitten, sie Ihnen vorzulesen. Das Lesen bei leiser Musik fördert die Entspannung und das Erinnerungsvermögen. Setzen Sie sich für diese Visualisierung bequem auf einen Stuhl.

Machen Sie es sich auf Ihrem Stuhl bequem. ... Wenn Ihnen jemand vorliest, schließen Sie die Augen. ... Nehmen Sie einige tiefe, entspannende Atemzüge. Lassen Sie beim Ausatmen alle Anspannung los. ... Achten Sie darauf, in welchem Körperteil die Verspannung am stärksten ist – Beine, Brustkasten, Schultern, Stirn. Atmen Sie in diesen Körperteil hinein, und lassen Sie einfach los. ...

Lassen Sie Ihre Schultern fallen, ... entspannen Sie Ihren Kiefer. Ihr Körper wird völlig vom Stuhl getragen, ... gestatten Sie Ihrem Körper, sich ganz zu entspannen.

Kehren Sie in Gedanken zurück in die Vergangenheit, zu einem schmerzlichen Kindheitserlebnis, zu einer Zeit, als Sie sich verletzt oder ängstlich fühlten und mit diesen Gefühlen allein waren. Vielleicht erinnern Sie sich an ein bestimmtes Ereignis, wie Sie beispielsweise von einem Elternteil bestraft, von einem Freund zurückgewiesen oder auf irgendeine Art und Weise gedemütigt wurden, oder einfach an das allgemeine Gefühl der Traurigkeit und Einsamkeit ...

Sehen Sie sich selbst als Kind allein im Zimmer bzw. allein an dem Ort, den Sie immer dann aufsuchten, wenn Sie verletzt und gekränkt waren. Sehen Sie sich einsam und voller Schmerz ...

Sehen Sie nun, wie Sie als der Erwachsene, der Sie jetzt sind, den Raum betreten. ... Stellen Sie sich dem Kind vor. Sehen Sie sich selbst als Kind, wie Sie staunend auf sich als Erwachsenen blicken. Setzen Sie sich neben Ihr Kind, und werden Sie zu dem liebevollsten Erwachsenen, den Sie sich vorstellen können – nehmen Sie Ihr Kind in den Arm, streicheln Sie es, sprechen Sie mit ihm, beruhigen Sie es, hören Sie zu, wenn es von seinem Schmerz erzählt. Setzen Sie Ihr inneres Kind auf Ihren Schoß, halten Sie Ihr Kind ganz fest. Fühlen Sie, wie sich Angst, Trauer und Einsamkeit langsam auflösen, während Ihr Kind sich von Ihrer Liebe eingehüllt fühlt.

Lassen Sie Ihr Kind wissen, daß Sie immer für es dasein werden, jetzt, da Sie erwachsen sind – daß Sie dasein werden für die Angst und den Schmerz und die Trauer und die Wunden, daß Sie dasein werden, um Ihrem Kind Freude zu schenken.

Ziehen Sie Ihr Kind nun in sich hinein, in Ihre Mitte – und mit ihm all seine Gefühle, seine Lebendigkeit, seine Leidenschaft, seine Intelligenz, seine Frische, seine Güte, seinen Schmerz, seine Angst, seine Wut und seine Freude. ... spüren Sie Ihr Kind in sich.

Nehmen Sie nun einige Atemzüge, und kehren Sie in die Gegenwart zurück. Bringen Sie Ihr Kind mit sich, bringen Sie alle Gefühle mit herein.

Verbindung mit den Gefühlen Ihres inneren Kindes

Der allererste Schritt des Inner Bonding besteht darin, sich die eigenen Gefühle bewußt zu machen. Für jene von uns, die ihren Gefühlen jahrelang aus dem Weg gegangen sind, kann schon dieser erste Schritt eine große Herausforderung darstellen. Bevor wir uns der inneren Verbindung zuwenden, wollen wir uns erst einmal bewußt machen, wie wir uns vor der Wahrnehmung unserer Gefühle schützen. Jeder von uns hat von seinen Eltern und Altersgenossen viele Möglichkeiten gelernt, sich vor seinen schmerzlichen Gefühlen zu schützen. Wie haben Sie als erwachsenes Kind gelernt, Ihre schmerzlichen Gefühle zu vermeiden bzw. zu betäuben? Alles, was wir im Übermaß tun, kann uns dabei helfen, die innere Leere zu füllen und Schmerz und Angst zu betäuben. Alles, was wir außerhalb von uns selbst suchen, um uns konform und liebenswert zu fühlen oder um Schmerz zu vermeiden, ist eine Sucht.

Gehen Sie die folgende Liste durch, und kreuzen Sie alles an, mit dessen Hilfe Sie sich vor der Wahrnehmung Ihres Schmerzes schützen:

Substanzsüchte

- ❑ Nahrungsmittel
- ❑ Völlerei/Freßgelage, Erbrechen/Abführmittel
- ❑ Zucker
- ❑ Zigaretten
- ❑ Koffein
- ❑ Drogen
- ❑ Alkohol
- ❑ Geschäftigkeit

Prozeßabhängigkeiten: Dinge und Aktivitäten

- ❑ Fernsehen
- ❑ Arbeit
- ❑ Lesen
- ❑ Sport
- ❑ Anorexie
- ❑ Körpertraining
- ❑ Macht
- ❑ Glücksspiel
- ❑ Geld
- ❑ Geldausgeben

- ❑ Schlaf
- ❑ Ladendiebstahl
- ❑ Grübelei
- ❑ Sorgen
- ❑ Trübsal
- ❑ Klatsch
- ❑ Meditation
- ❑ Telefonieren
- ❑ Dramatisieren
- ❑ Gefahr
- ❑ Statussymbole
- ❑ Religion

Prozeßabhängigkeiten: Menschen

- ❑ Sex
- ❑ Liebesaffären
- ❑ Liebe
- ❑ Bestätigung

Wenn Sie Zuflucht bei diesen Substanz- und Prozeßabhängigkeiten suchen, kann das eine Verbindung mit Ihren Gefühlen unmöglich machen. Wenn es Ihnen mit dem Inner Bonding ernst ist und Sie wirklich lernen wollen, wie Sie Ihrem inneren Kind ein liebevoller Erwachsener sein können, dann müssen Sie die Möglichkeit in Betracht ziehen, daß Ihre Süchte Sie davon abhalten, mit sich selbst in Verbindung zu treten.

Verbindung mit den eigenen Gefühlen

Ihr Kind kommuniziert mit Ihnen durch Ihren Körper. Schließlich sind Gefühle nichts anderes als körperliche Empfindungen, denen wir bestimmte Begriffe zugeordnet haben. Ihr Körper sagt Ihnen, wann Sie hungrig, durstig oder müde sind, und ebenso teilt er Ihnen mit, daß Sie traurig, wütend, ängstlich, liebevoll oder aufgeregt sind. Vielleicht haben Sie einen Klumpen im Hals, wenn Sie gerührt sind; vielleicht fühlt sich Ihr Herz vor Liebe groß und schwer an; vielleicht rumort es in Ihrem Magen und Ihre Beine werden zu Gummi, wenn Sie Angst haben; Ihr Hals und Ihre Schultern verkrampfen sich, wenn Sie sich fürchten; vielleicht bekommen Sie eine Gänsehaut oder Tränen in den Augen, wenn Sie die Wahrheit erkennen.

Viele von uns entschieden sich als Kinder für eine Abtrennung vom eigenen Körper, weil der körperliche und emotionale Schmerz, den wir fühlten, zu groß war, als daß wir ihn in den Griff bekommen konnten. Einige von uns haben sogar gelernt, ihren Körper zu verlassen, um mit dem extremen Mißbrauch, dem sie ausgesetzt waren, umzugehen. Als wir älter wurden, haben wir andere Möglichkeiten des Selbstschutzes gelernt, so zum Beispiel die oben aufgeführten Substanz- und Prozeßabhängigkeiten. Um unserem inneren Kind ein liebevoller Erwachsener zu werden, müssen wir uns jedoch wieder mit unserem Körper verbinden, damit uns unsere Gefühle bewußt sein können. Nehmen Sie sich nun einige Minuten Zeit, um sich auf Ihren Körper einzustimmen, und beantworten Sie die folgenden Fragen. Konzentrieren Sie sich auf Ihren Körper, auf Ihren Bauch, Ihre Beine, Ihre Hände, Ihr Herz, Ihren Hals und Ihre Schultern. *Fühlen* Sie, an welchen Stellen Sie Ihre Gefühle wahrnehmen.

➢ An welcher Stelle Ihres Körpers spüren Sie Ihre Wut? Woher wissen Sie, wann Sie wütend sind?

____

____

____

➢ An welcher Stelle Ihres Körpers spüren Sie Ihre Angst?

____

____

____

➢ An welcher Stelle Ihres Körpers spüren Sie Ihre Kränkung?

____

____

____

➢ An welcher Stelle Ihres Körpers spüren Sie Ihre Traurigkeit?

____

____

____

➢ An welcher Stelle Ihres Körpers spüren Sie Ihre Angst?

➢ An welcher Stelle Ihres Körpers spüren Sie Ihre Verlassenheit?

➢ An welcher Stelle Ihres Körpers spüren Sie Ihre Einsamkeit?

➢ An welcher Stelle Ihres Körpers spüren Sie Ihre Trauer?

➢ An welcher Stelle Ihres Körpers spüren Sie Ihre Freude?

➢ An welcher Stelle Ihres Körpers spüren Sie Ihre Aufregung?

- An welcher Stelle Ihres Körpers spüren Sie Ihre Friedfertigkeit?

___

___

___

- An welcher Stelle Ihres Körpers spüren Sie Ihre Fürsorglichkeit?

___

___

___

- An welcher Stelle Ihres Körpers spüren Sie Ihre Liebe?

___

___

- An welcher Stelle Ihres Körpers spüren Sie Ihr Wissen um die Wahrheit?

___

___

___

Wenn Sie merken, daß es Ihnen unmöglich ist, einen Großteil dieser Fragen zu beantworten, sind Sie möglicherweise in Ihrem Körper blockiert. Einige Arten der Körperarbeit, wie beispielsweise die Bioenergetik oder das Rebirthing, Atemtechniken unter Anleitung, die den Körper für seine Gefühle öffnen, können hier sehr hilfreich sein und solche Blockierungen innerhalb des Körpers auflösen. Solange Sie sich Ihrer Gefühle nicht bewußt sind, wird es sehr schwierig für Sie sein, mit Ihrem inneren Kind und Ihrer höheren Macht in einen Dialog, dem Kernstück des Inner Bonding, einzutreten.

Zu Anfang dieses Kapitels hat Ihr Erwachsener ein Einführungsschreiben für Ihr inneres Kind verfaßt. Jetzt ist es an der Zeit, Ihrem Kind zu erlauben, an Sie zu schreiben und sich selbst vorzustellen. Es folgt ein Musterbrief, geschrieben von Klein Tommy an den erwachsenen Tom:

Musterbrief eines Kindes an einen Erwachsenen

Hallo,
ich bin Tommy. Ich brauche Dich. Bitte höre mir zu. Ich versuche dauernd, Dir Dinge zu sagen, ich mache sogar, daß Dein Magen Dir weh tut, nur damit Du mir zuhörst, aber Du schluckst einfach ein paar Pillen und scheuchst mich davon. Ich habe furchtbare Angst und fühle mich sehr allein. Bitte beachte mich. Ich muß von Dir geliebt werden. Es hat mir gefallen, daß Du mir geschrieben hast, aber ich habe Angst, daß Du wieder weggehst. Geh nicht weg. Ich liebe Dich, aber ich bin auch sehr böse auf Dich. Bitte höre mir zu, und sprich mit mir.
In Liebe,
Tommy

Schreiben Sie nun Ihre Version des Briefes an Ihren Erwachsenen. Konzentrieren Sie sich beim Schreiben dieses Briefes auf Ihren Körper, insbesondere auf Ihren Bauch. Lassen Sie zu, daß Sie sich wie ein kleines Kind fühlen, und schreiben Sie diesen Brief mit Ihrer *nichtdominanten Hand.*

Welche Gefühle haben Sie in bezug auf Ihr inneres Kind?

Ihre Gefühle hinsichtlich Ihres inneren Kindes werden durch die vielen Erfahrungen geprägt, die Sie während des Heranwachsens hatten – in erster Linie dadurch, wie Sie von Ihren Eltern, Geschwistern, Großeltern und anderen Betreuungspersonen behandelt wurden und wie diese einander und sich selbst behandelten. Wenn Sie sich Ihre Gefühle über Kinder im allgemeinen bewußt machen, kann Ihnen das helfen, mit Ihren Gefühlen in bezug auf Ihr eigenes inneres Kind in Berührung zu kommen.

Einige von Ihnen hatten zwei Elternteile. Einige von Ihnen hatten ein Elternteil, und einige von Ihnen hatten überhaupt niemanden. Wenn wir die Begriffe *Mutter* und *Vater* verwenden, ersetzen Sie diese mit dem Namen des Menschen, der in erster Linie Ihre Betreuungsperson war.

Was Ihre Eltern oder andere Betreuungspersonen über Kinder und über Sie dachten

➢ Was hielt Ihre Mutter Ihrer Meinung nach von Kindern im allgemeinen?

➢ Was hielt Ihr Vater Ihrer Meinung nach von Kindern im allgemeinen?

➢ Was hielt Ihre Mutter Ihrer Meinung nach von ihren eigenen Kindern?

➢ Was hielt Ihr Vater Ihrer Meinung nach von seinen eigenen Kindern?

➢ Was hielt Ihre Mutter Ihrer Meinung nach von Ihnen?

➢ Was hielt Ihr Vater Ihrer Meinung nach von Ihnen?

➢ Waren beide Eltern oder war ein Elternteil der Überzeugung, daß »Kinder gesehen, aber nicht gehört« werden sollten?

➢ Waren Ihre Eltern oder war ein Elternteil von der Richtigkeit der Behauptung überzeugt »Wer die Rute spart, verzieht das Kind?«

Welche Gefühle haben Sie in bezug auf Kinder?

➢ Was halten Sie von Kindern? Mögen Sie Kinder? Mögen Sie keine Kinder? Sind Ihnen Kinder gleichgültig? Ärgern Sie sich über sie?

➢ Wenn Sie Kinder mögen, was gefällt Ihnen an Kindern am meisten?

➢ Was mögen Sie an Kindern überhaupt nicht? Machen Sie Ihnen zuviel Lärm? Sind Ihnen die Bedürfnisse von Kindern zuviel? Finden Sie Kinder zu anspruchsvoll? Sind Sie Ihnen im Weg, sind sie eine Plage?

- Warum bekommt man Ihrer Meinung nach Kinder?

Ihre Überzeugungen in bezug auf Kinder

- Sind Sie der Überzeugung, daß Kinder »leer«, gewissermaßen als Tabula rasa, zur Welt kommen, bereit, geformt zu werden, und entsprechend zu handeln, aber ohne angeborene Verhaltensweisen?

- Sind Sie der Überzeugung, daß Kinder mit einer angeborenen Weisheit, mit angeborenen Gefühlen, Talenten und Verhaltensweisen auf die Welt kommen?

➢ Sind Sie der Überzeugung, daß Kinder liebevoll, lieblos, gut, schlecht, neutral auf die Welt kommen?

➢ Sind Sie der Überzeugung, daß »Kinder gesehen, aber nicht gehört« werden sollten?

➢ Glauben Sie an die Richtigkeit der Behauptung »Wer die Rute spart, verzieht das Kind«?

➢ Sind Sie der Überzeugung, daß Kinder mit derselben Menschlichkeit und denselben Rechten geboren werden wie Erwachsene? Sind Kinder weniger wichtig als Erwachsene? Sind sie wichtiger als Erwachsene?

➢ Sind Sie der Überzeugung, daß kleine Kinder für sich selbst denken können? Können sie wissen, was sie wollen? Können sie wissen, wie sie sich fühlen?

➢ Sind Sie der Überzeugung, daß Kinder Erwachsenen etwas zu geben haben? Wenn ja, was haben sie zu geben? Wenn nein, warum nicht?

➢ Wie sehen Ihre Gefühle in bezug auf Kinder aus im Vergleich mit den Gefühlen Ihrer Eltern in bezug auf Kinder?

Viele der Übungen in den folgenden Kapiteln werden Ihnen helfen, Ihr inneres Kind immer besser kennenzulernen, und im Verlauf dieses Kennenlernens werden sich Ihre Gefühle in bezug auf Ihr inneres Kind verändern. Einige von Ihnen haben schon intensiv mit ihrem inneren Kind gearbeitet, und einige von Ihnen stehen noch ganz am Anfang, aber Sie alle haben Überzeugungen und Gefühle in bezug auf Ihr inneres Kind.

➢ Wie sehen Ihre Überzeugungen und Gefühle in bezug auf Ihr inneres Kind aus?

Wenn Sie dieses Arbeitsbuch vollständig durchgearbeitet haben, lesen Sie noch einmal durch, was Sie eben aufgeschrieben haben, und prüfen Sie, ob Ihre Überzeugungen und Gefühle sich veränderten.

3

Co-Abhängigkeit contra Ganzheit:

Wodurch wird das Gefühlsleben Ihres inneren Kindes bestimmt?

Seit unserer Zeit als Kleinkind erhielten wir die unausgesprochene Botschaft, wenn wir nur einem bestimmten Weg folgen bzw. die Dinge tun, die man von uns erwartet, würde uns ein glückliches Leben beschieden sein. Diese Botschaften und Überzeugungen kommen sowohl von unseren Eltern und unserer Familie als auch von Lehrern, aus Büchern, Kinofilmen und vom Fernsehen.

Rufen Sie sich in Erinnerung, ob Ihre Eltern Sie dazu angehalten haben, in der Schule gute Noten zu erzielen, und warum das so war bzw. warum nicht. Wie reagierten sie auf die Menschen, mit denen Sie ausgingen? Hat sich Ihre Familie Fernsehserien wie »Die Hesselbachs«, »Mein lieber Biber« und »Die Waltons« angesehen? Legten Ihre Eltern Wert darauf, wie Sie sich anzogen? Waren Ihre Eltern selbst sehr imagebewußt? All diese unausgesprochenen Botschaften trugen zu unserer Überzeugung bei, auf welche Weise wir in Freude leben können. Das »magische« Rezept sieht ungefähr so aus:

+ Mache dein Abitur
+ Besuche eine Hochschule
+ Finde den »richtigen« Job
+ Heirate den »richtigen« Partner
+ Habe vollkommene Kinder
+ Lebe im besten Haus in der besten Nachbarschaft
+ Fahre das »richtige« Auto
+ Besitze immer nur das Beste von allem
+ Lasse dich niemals scheiden

DIE SUMME = Frieden und Glück für den Rest Ihres Lebens!

Wenn wir uns die Vorstellung zu eigen machen, unser Selbstwert und unsere Freude würden von Dingen und Menschen außerhalb unserer selbst stammen, dann sind wir *nach außen bezogen*. Das ist die Definition der Co-Abhängigkeit – der Überzeugung, daß unser Wert, Selbstwert, unsere Freude und unser Schmerz von außerhalb kommen, von den Dingen, Menschen und Ereignissen in unserem Leben. Wer vom Gegenteil überzeugt ist, daß nämlich Schmerz und Freude ebenso wie das Gefühl für Wert und Liebenswürdigkeit aus unserem Innern kommen, den bezeichnet man als *nach innen bezogen*. Wenn Sie beispielsweise in Ihrem Wohnzimmer längere Zeit ohne Ablenkung auf einem Stuhl sitzen müßten, sagen wir beispielsweise drei Stunden, wie würden Sie sich am Ende dieser Zeitspanne fühlen? Gelangweilt? Ängstlich? Schläfrig? Friedvoll? Ruhig? Glücklich?

Wenn man Sie mit nichts als Ihren Gedanken allein ließe, würden Sie mit der Zeit die Vorstellung entwickeln, daß *alle* Ihre Gefühle aus dem Innern kommen. Das heißt, unser Glaubenssystem erschafft unsere Gedanken, aber unsere Gedanken erschaffen unsere Gefühle! *Das* nennt man nach innen bezogen. Bedauerlicherweise sind die meisten Menschen co-abhängig und glauben, daß alle ihre guten und schmerzlichen Gefühle von außen kommen. Sie haben die Aufgabe der Eigendefinition anderen übertragen, anstatt diesen Job selbst zu erledigen.

Das folgende Verfahren wird Ihnen helfen, Ihre Bezugsform und die Intensität, mit der Sie daran glauben, zu bestimmen. Bewerten Sie jede der nachfolgenden Behauptungen auf einer Skala von 0 bis 5 (5 = trifft immer auf mich zu; 0 = trifft niemals auf mich zu).

1. _____ Mein neues Auto gefällt mir am besten, wenn ich es anderen Menschen zeigen kann.
2. _____ Ich glaube nur, daß ich gut aussehe, wenn ich Komplimente erhalte.
3. _____ Ich fühle mich peinlich berührt, wenn andere meine unaufgeräumte Wohnung sehen.
4. _____ Meine Fehler beschämen mich.
5. _____ Am besten fühle ich mich, wenn ich Bestätigung von anderen erfahre.
6. _____ Gewinnen ist für mich wichtig.
7. _____ Ich muß bei allem der oder die Beste sein.
8. _____ Ich fühle mich einsam, wenn ich allein bin.
9. _____ Ich habe Angst, ich könnte mich zum Narren machen.
10. _____ Ich liebe es, als großzügig und menschenfreundlich zu gelten.
11. _____ Ich habe immer das Gefühl, außen vor zu bleiben.

12. _____ Ich kann nicht allein sein. Ich habe Angst, allein zu sein.
13. _____ Das Verhalten anderer verletzt mich.
14. _____ Das Verhalten anderer macht mich wütend, und es steht mir zu, wütend zu sein, wenn andere mich im Stich lassen.
15. _____ Meinen Gefühlen gegenüber bin ich machtlos – sowohl gegenüber meinem Schmerz als auch meiner Freude.
16. _____ Ich fühle mich für die Gefühle anderer verantwortlich. Ihr Schmerz ist meine Schuld, und es ist meine Verantwortung, andere glücklich zu machen.

_____ SUMME (maximal 80 Punkte)

Und noch einmal, wieder auf einer Skala von 0 bis 5 (5 = trifft immer auf mich zu; 0 = trifft niemals auf mich zu).

1. _____ Ich verbringe gern Zeit nur mit mir selbst.
2. _____ Ich habe viele Hobbys.
3. _____ Mir gefällt meine Kreativität.
4. _____ Spiritualität ist mir wichtig.
5. _____ Ich achte und schätze meinen Körper, meine Gesundheit und mein Wohlbefinden.
6. _____ Ich kann über mich selbst lachen.
7. _____ Ich bin allein verantwortlich für meine Gefühle des Verletztseins, des Schmerzes und der Freude.
8. _____ Die Freude anderer Menschen bereitet mir Vergnügen.
9. _____ Ich bin mir ganz allgemein meiner Gefühle und meiner Verantwortung für sie bewußt.
10. _____ Ich fühle mich reich und wie eine runde Persönlichkeit, wenn ich einfach nur durch den Wald spaziere.
11. _____ Mir sind meine Herzensgüte, mein Selbstwert und meine Liebenswürdigkeit zutiefst bewußt, und es ist in Ordnung, wenn andere diese Eigenschaften nicht in mir sehen.
12. _____ Ich kann meinen inneren Frieden spüren, auch wenn ich profane Aufgaben erledige.
13. _____ Ich fühle mich für die Gefühle anderer nicht verantwortlich.
14. _____ Ich bin eher bereit, andere zu verlieren als mich selbst.
15. _____ Ich habe die Macht, mich selbst glücklich zu machen.
16. _____ Ich bin offen, etwas über meine eigenen Gefühle und Bedürfnisse zu lernen, und ich bin offen, etwas über die Gefühle und Bedürfnisse anderer Menschen zu lernen.

_____ SUMME (maximal 80 Punkte)

Vergleichen Sie jetzt Ihre Ergebnisse. Erste Liste ____ Zweite Liste ____

Wenn Sie bei der ersten Liste eine höhere Punktzahl erreicht haben, sind Sie wahrscheinlich co-abhängig. Eine höhere Punktzahl bei der zweiten Liste deutet auf eine ausgeglichene Persönlichkeit hin. Wie bei vielen Menschen ist wahrscheinlich auch bei Ihnen die Punktzahl der beiden Listen annähernd gleich. Diese Übung sollte Ihnen die Gelegenheit geben, Ihre Motivation besser zu verstehen.

Alle Heilungsprozesse erfordern einen Wechsel von der äußeren zur inneren Motivation, von einem äußeren Bezugsrahmen hin zu einem inneren. Das Inner Bonding bildet da keine Ausnahme. Wenn wir die Frage, ob wir uns selbst ein liebevoller Erwachsener sind, beantworten wollen, müssen wir unsere Aufmerksamkeit nach innen richten, uns einen genauen Überblick verschaffen und für alles, was wir sehen, und für alles, was wir erfahren, die Verantwortung übernehmen. Das bedeutet, die Schuld loszulassen (äußerer Bezug; Absicht zu schützen), und sie durch die Sorge zu ersetzen, was in jeder Situation am besten für unser inneres Kind ist (innerer Bezug; Absicht zu lernen). Das ist ein wesentlicher Schritt zur Bestimmung der Gefühlslage Ihres inneren Kindes. Das ist die Aufgabe Ihres Erwachsenen.

Als wir klein waren, mußte die Definition unserer selbst von außen kommen, von unseren Eltern, Lehrern und anderen Betreuungspersonen. Weil kleine Kinder noch nicht lange genug auf diesem Planeten sind, um einen klar definierten, liebevollen inneren Erwachsenen zu haben, können sie sich nicht selbst bestimmen. Es war die Aufgabe unserer Betreuungspersonen, uns einen akkuraten Spiegel vorzuhalten, damit wir lernen konnten, wer wir wirklich sind. Wenn die Erwachsenen um uns herum uns nicht als wertvoll oder liebenswert sahen, lernten wir zu glauben, wir seien wertlos und nicht liebenswert. Wenn sie uns als schlecht, fehlerhaft oder störend ansahen, wenn unsere Gefühle und Bedürfnisse für sie keine Rolle spielten und sie uns vernachlässigten, wenn sie uns durch Schläge, Anschreien, Bloßstellen oder sexuellen Mißbrauch verletzten, dann entwickelten wir eine Vorstellung von uns selbst, die auf Scham beruht und uns bis heute beeinflußt. Sobald wir uns als schlecht, fehlerhaft, wertlos, nicht liebenswert, unfähig, unwichtig oder beschmutzt sahen, suchten wir natürlich die Liebe und Bestätigung, die wir so dringend benötigten, außerhalb unserer selbst. Wir wurden süchtig nach äußerer Bestätigung, um uns gut zu fühlen, und genau darum geht es bei der Co-Abhängigkeit. Wie bei jeder Sucht brauchen wir ständig Bestätigung, um uns wohl zu fühlen, und wir fühlen uns sofort schlecht, wenn wir auf Ablehnung stoßen. Wir werden die Ablehnung anderer immer persönlich nehmen, sobald sie mit unserer eigenen, auf Scham basierenden Definition unserer selbst übereinstimmt. Weil unsere Gefühle, je nachdem, ob wir Liebe und Bestätigung erhalten, stark schwanken, gelangen wir natürlich zu der Überzeugung, daß unsere Gefühle – unser Schmerz und unsere Freude – von außerhalb unserer selbst kommen. Wir gelangen zu der Überzeugung, daß wir mit dem Verlust von Liebe und Bestätigung nicht umgehen können, daß das zu schmerzlich, sogar lebensbedrohlich ist. Unser co-abhängiges Verhalten stammt von diesen falschen Glaubensmustern.

Wie sehen Ihre falschen Glaubensmuster in bezug auf Glück und Selbstachtung aus? Prüfen Sie, welche Überzeugungen Ihr erwachsenes Kind für wahr hält.

- ❑ Meine Stimmigkeit, meine Liebenswürdigkeit und meine Gefühle des Selbstwerts und der Selbstachtung kommen von anderen, die mich mögen und mir Bestätigung geben.
- ❑ Ich fühle mich nur dann glücklich und wohl, wenn ein anderer mich liebt.
- ❑ Die Ablehnung oder Mißbilligung anderer Menschen besagt, daß ich nicht gut genug bin.
- ❑ Ich kann mich nicht selbst glücklich machen.
- ❑ Ich kann mich selbst nicht so glücklich machen, wie jemand anders oder etwas anderes das kann.
- ❑ Meine besten Gefühle kommen von außerhalb meiner selbst: wie andere (oder ein bestimmter anderer) mich sehen und mich behandeln.

Nehmende und Umsorgende

Co-abhängiges Verhalten kann in zwei deutliche Kategorien unterschieden werden: das *narzißtische* Verhalten der *Nehmenden* und das *empathische* Verhalten der *Umsorgenden*. In jeder Beziehungssituation sind wir in einigen Dingen der einen Kategorie zuzuordnen und in anderen Belangen der anderen. Oder wir befinden uns bei einer Beziehung ganz in der einen Kategorie und bei einer anderen Beziehung in der anderen. Alle von uns funktionieren tatsächlich bisweilen in beiden Kategorien, meistens jedoch in einer der beiden. Wir sind noch nie auf einen Patienten oder Freund gestoßen, der nicht in irgendeiner Weise co-abhängiges Verhalten aufwies. Wir alle litten unter körperlichem, emotionalem oder sexuellem Mißbrauch, der zu den auf Scham basierenden Glaubensmustern führte, den Ursachen der Co-Abhängigkeit.

Wir sehnen uns nach der Liebe und Bestätigung anderer Menschen, daher versuchen wir natürlich, dies kontrolliert zu erlangen. Unser offenes und unser verborgenes kontrollierendes co-abhängiges Verhalten basiert auf unserem falschen Glaubensmuster hinsichtlich der Kontrolle. Welche Überzeugungen haben Sie in bezug auf Kontrolle? Prüfen Sie, ob Ihr erwachsenes Kind die folgenden Behauptungen für wahr hält:

- ❑ Ich kann kontrollieren, wie andere über mich denken und mich behandeln.
- ❑ Ich kann kontrollieren, ob die Menschen mich mögen, mich lieben, sich um mich kümmern, mich respektieren.
- ❑ Ich habe die Kontrolle darüber, ob die Menschen mich ablehnen.
- ❑ Ich habe die Kontrolle darüber, ob mich jemand sexuell erregend findet.
- ❑ Ich habe immer die Kontrolle darüber, ob die Menschen das tun, was ich will.

Zwei co-abhängige Menschen schaffen ein co-abhängiges System; im allgemeinen ist dabei der eine der Nehmende, und zwar auf der narzißtischen Seite der Co-Abhängigkeit, und der andere der Umsorgende, und zwar auf der empathischen Seite. Bei den Übungen zu diesen Kategorien ist es hilfreich, wenn Sie offen sind zu lernen, anstatt sich und anderen die Schuld zu geben, sobald Sie entdecken, wie Sie und andere sich verhalten.

Prüfen Sie in diesem ganzen Abschnitt, welche Überzeugungen Ihr erwachsenes Kind für wahr hält. Achten Sie darauf, daß das Wort *Partner* sich in diesen Übungen auf jede Beziehung bezieht – auf Ihren Ehepartner oder Geliebten ebenso wie auf Ihr Kind, ein Elternteil, eine Freundin oder einen Kollegen. Sie können diese Liste mehrmals durchgehen und beantworten und sich dabei jedesmal eine andere Beziehung vor Augen halten.

Der Nehmende (narzißtisches Verhalten)

- ❑ Mein Partner ist verantwortlich für meine Gefühle, meine Bedürfnisse und mein Verhalten.
- ❑ Mein Partner ist dafür verantwortlich, daß ich mich sicher, wertvoll und liebenswert fühle.
- ❑ Mein Partner ist verantwortlich für meine Wut oder andere Formen des Abreagierens, wenn er bzw. sie mir nicht das gibt, was ich will und was ich brauche.

- ❑ Ein Mensch, dem etwas an mir liegt, wird nie etwas tun, was mich beunruhigen oder verletzen könnte.
- ❑ Meine Bedürfnisse sollten meinem Partner wichtiger sein als seine eigenen Bedürfnisse.
- ❑ Wer seine eigenen Wünsche befriedigt, anstatt das zu tun, was ich will oder brauche, ist selbstsüchtig.
- ❑ Wenn mein Partner mich wirklich liebt, wird er normalerweise meine Bedürfnisse an die erste Stelle setzen.
- ❑ Wenn ich verletzt oder verwirrt bin, ist das meistens die Schuld eines anderen.
- ❑ Es ist die Aufgabe der anderen, mir Bestätigung zu geben, damit ich mich gut fühle.
- ❑ Ich bin für die Ursache meiner Gefühle nicht verantwortlich. Andere machen mich glücklich, traurig, wütend, frustriert, verschlossen oder niedergeschlagen. Wenn ich wütend bin, dann ist jemand anders die Ursache dafür, und er ist auch dafür verantwortlich, meine Gefühle wieder in Ordnung zu bringen.
- ❑ Ich bin für mein Verhalten nicht verantwortlich. Andere Menschen lassen mich toben, mich verrückt benehmen, krank werden, lachen, weinen, gewalttätig werden, und sie sind der Grund, wenn ich versage oder sie verlasse.
- ❑ Ich kann mich nicht um mich selbst kümmern. Ich brauche jemanden, der sich um mich kümmert.
- ❑ Ich kann nicht allein sein. Wenn ich allein bin, stehe ich Todesängste aus.
- ❑ Durch mein kontrollierendes Verhalten (siehe auch die folgende Liste für offen kontrollierendes Verhalten) kann ich meinen Partner dazu veranlassen, mich zu lieben, mich zu sehen, zu hören und mir Bestätigung zu geben, und es ist mein Recht, diese Kontrolle auszuüben, damit meine Bedürfnisse erfüllt werden.

Wenn wir in einem co-abhängigen System der Nehmende sind, versucht unser erwachsenes Kind, auf unterschiedliche Weise offen zu kontrollieren. Wie sieht Ihr Versuch der Kontrolle aus? Kreuzen Sie die Verhaltensweisen an, die auf Sie zutreffen, und versuchen Sie, dem Lernen gegenüber offen zu bleiben und sich selbst nicht für die Dinge, die Sie tun, zu verurteilen. Sie können nicht erkennen, was Sie tun, wenn Sie sich selbst verurteilen, und Sie können das, was Sie tun, nicht verändern, wenn Sie gar nicht wissen, daß Sie es tun.

➢ Ich versuche, meinen Willen durchzusetzen oder Liebe und Bestätigung zu erlangen, durch:

Verbale Beschämungen

- ❑ kritisieren
- ❑ verurteilen
- ❑ bagatellisieren
- ❑ spöttische Bemerkungen
- ❑ demütigen
- ❑ ausschelten
- ❑ Vergleiche anstellen
- ❑ Sarkasmus
- ❑ Sticheleien

Nonverbale Beschämungen

- ❑ »Ts, ts, ts« sagen und den Kopf schütteln
- ❑ die Augenbrauen heben
- ❑ finstere Blicke werfen
- ❑ mit den Schultern zucken
- ❑ mit den Augen rollen
- ❑ mißbilligende Blicke
- ❑ mißbilligende Seufzer

Andere Formen der Kontrolle

- ❑ brüllen
- ❑ vor Wut schäumen
- ❑ Gefühlsausbrüche
- ❑ Zorn
- ❑ ärgerlich, barsch, schroff werden
- ❑ stiller, wütender Rückzug, die Pose des Schweigens
- ❑ anklagen, Schuld zuweisen
- ❑ ausfragen
- ❑ schmollen, eingeschnappt sein
- ❑ Tränen der Anklage, »Ich-Ärmste«-Tränen
- ❑ Gefühle verletzend und anklagend ausdrücken
- ❑ klagen, quengeln
- ❑ krank werden
- ❑ gemein werden, täuschen
- ❑ lügen
- ❑ die Wahrheit zurückhalten
- ❑ Halbwahrheiten erzählen
- ❑ das Thema wechseln, unterbrechen
- ❑ therapieren, analysieren, interpretieren

- ❑ andere in eine Therapie treiben
- ❑ nörgeln
- ❑ moralisieren
- ❑ Standpauken halten
- ❑ Ratschläge geben, belehren
- ❑ selbstgerecht werden, eine Haltung der Überlegenheit einnehmen
- ❑ sich wie ein Alleswisser verhalten
- ❑ erklären, rechtfertigen
- ❑ überzeugen, »verkaufen«
- ❑ leugnen
- ❑ streiten
- ❑ anderen ihre Gefühle ausreden, indem man ihnen sagt, sie würden sich irren
- ❑ rhetorische Fragen stellen, auf die es nur eine Antwort geben kann
- ❑ Bestechung
- ❑ schlagen, prügeln
- ❑ mit Gegenständen werfen
- ❑ Gegenstände zerbrechen, zerschlagen
- ❑ Folter
- ❑ Vergewaltigung und andere Formen sexuellen Mißbrauchs

Drohungen aussprechen wie

- ❑ Entzug der finanziellen Unterstützung
- ❑ emotionale Verweigerung
- ❑ sexuelle Verweigerung
- ❑ Bloßstellung vor anderen
- ❑ Trennung, körperliche Verweigerung
- ❑ Krankheit
- ❑ Gewalttätigkeit
- ❑ Selbstmord
- ❑ Alkohol- oder Drogenmißbrauch
- ❑ einen Nervenzusammenbruch haben
- ❑ einen Herzinfarkt oder einen Schlaganfall bekommen

➢ Wenn ich meinen Willen nicht durchsetzen kann und ich nicht das Verhalten, die Liebe oder Betätigung bekomme, die ich will, fühle ich mich:

- ❑ abgelehnt
- ❑ verlassen
- ❑ erschreckt
- ❑ verletzt
- ❑ als Opfer

- ❑ einsam
- ❑ in Not
- ❑ unpassend, im Irrtum
- ❑ nicht liebenswert, unwürdig
- ❑ widerwillig
- ❑ wütend
- ❑ aufgebracht, außer Kontrolle
- ❑ ängstlich
- ❑ krank
- ❑ selbstmordgefährdet
- ❑ leer
- ❑ taub
- ❑ selbstgerecht

Wenn wir uns in einem co-abhängigen System am nehmenden bzw. narzißtischen Ende befinden, handeln wir aus unserem erwachsenen Kind heraus, ohne einen liebevollen Erwachsenen, der diesem Verhalten Grenzen setzt und die Verantwortung für unsere Gefühle übernimmt.

Der Umsorgende (empathisches Verhalten)

Kreuzen Sie jetzt nachfolgend die Punkte an, die auf Sie zutreffen.

➢ In meiner Beziehung zu meinem Ehepartner, meinem Geliebten, meinem Kind, meinem Elternteil, meiner Freundin bzw. meinem Kollegen glaube ich:

- ❑ Ich bin verantwortlich dafür, daß sich mein Partner gut fühlt – durch mich fühlt er sich sicher, glücklich, wertvoll und liebenswert.
- ❑ Wenn ich mich um jemanden kümmere, ist es meine Verantwortung, diesen Menschen glücklich zu machen.
- ❑ Die Gefühle meines Partners – sein Schmerz, seine Kränkungen, seine Wut – werden von mir hervorgerufen, und es ist meine Verantwortung, diesbezüglich etwas zu unternehmen.
- ❑ Wenn andere Menschen wütend auf mich sind, habe ich diese Gefühle verursacht, und ich bin dafür verantwortlich, ihre Gefühle wieder in Ordnung zu bringen.
- ❑ Da ich für die Gefühle meines Partners verantwortlich bin, sollte ich niemals etwas tun, was ihn verletzt oder beunruhigt, selbst wenn es sich dabei um etwas handelt, was mich glücklich macht und eigentlich niemanden verletzen sollte.
- ❑ Wenn ich nicht die Verantwortung für das Glück und Unglück meines Partners übernehme, bin ich kein fürsorglicher Mensch.

- ❑ Wenn ich die Verantwortung für mein eigenes Glück übernehme, anstatt andere an die erste Stelle zu setzen, verhalte ich mich selbstsüchtig.
- ❑ Mein Wert liegt darin, andere glücklich zu machen.
- ❑ Die Bedürfnisse und Gefühle anderer Menschen sind wichtiger als meine eigenen.
- ❑ Ich kann die Liebe und Bestätigung anderer durch mein verdeckt kontrollierendes Verhalten erlangen (siehe die nachfolgende Liste verdeckt kontrollierender Verhaltensweisen).

➢ Ich versuche, Bestätigung zu erlangen und Mißbilligung zu vermeiden durch verdeckt kontrollierende Verhaltensweisen wie:

- ❑ »nett« sein, selbst wenn ich nicht so empfinde
- ❑ Geschenke geben, die einen Haken haben
- ❑ emotional oder finanziell unentbehrlich sein
- ❑ den Menschen schmeicheln oder ihnen falsche Komplimente zollen
- ❑ nachgeben, mich selbst aufgeben, einfach mitziehen
- ❑ nicht um das bitten, was ich möchte; das, was ich möchte, beiseite stellen
- ❑ mit dem Standpunkt der anderen übereinstimmen
- ❑ den Menschen zu Gefallen sein
- ❑ retten
- ❑ Zensur dessen, was ich über meine Wünsche und Gefühle sage
- ❑ ahnen und vermuten, was andere wollen
- ❑ mich selbst herabsetzen
- ❑ verführerisch sein

➢ Wenn mein Umsorgen nicht funktioniert und mir weder die Liebe noch die Bestätigung bringt, die ich mir wünsche, dann fühle ich mich:

- ❑ wütend
- ❑ reizbar
- ❑ benutzt
- ❑ ausgelaugt
- ❑ in der Falle
- ❑ »aufgefressen«
- ❑ einsam
- ❑ widerwillig
- ❑ verkannt
- ❑ frustriert
- ❑ niedergeschlagen

Menschen am umsorgenden Ende des co-abhängigen Systems haben ein empathisches erwachsenes Kind, das die Bedürfnisse des eigenen inneren Kindes ignoriert, wenn andere in der Nähe sind. Statt dessen kümmern sie sich um die Bedürfnisse der anderen Menschen und schenken ihrem eigenen Kind nur dann Aufmerksamkeit, kümmern sich nur dann um ihre eigenen Bedürfnisse, wenn sie allein oder krank sind. Das erwachsene Kind des Umsorgenden empfindet große Empathie für die Gefühle und Bedürfnisse anderer Menschen, jedoch nur wenig Empathie für seine eigenen, während das erwachsene Kind des Nehmenden nur wenig Empathie für die Gefühle und Bedürfnisse anderer empfindet. Beide müssen, wenn sie ausgeglichen anstatt co-abhängig sein wollen, einen liebevollen Erwachsenen aufbauen; der Umsorgende muß ein wenig gesunden Narzißmus entwickeln und der Nehmende Empathie für andere. Nehmende orientieren sich an sich selbst, ihnen sind die Bedürfnisse anderer nicht bewußt. Umsorgende dagegen orientieren sich am anderen und sind sich ihrer eigenen Bedürfnisse nicht bewußt. Empathie für andere zu entwickeln und einen gesunden Narzißmus für uns selbst ist eines der Ergebnisse des Inner Bonding.

Tabelle 2, aus dem Buch *Inner Bonding*, umreißt das co-abhängige System.

Tabelle 2: Kernüberzeugung, die auf Scham basiert:
Ich bin schlecht / nicht in Ordnung / unzulänglich

Co-Abhängigkeit

Gründet sich auf der Überzeugung, daß:
1. Mein Wert und meine Liebenswürdigkeit werden außerhalb meiner selbst bestimmt.
2. Meine Gefühle – mein Schmerz und meine Freude – kommen von außerhalb meiner selbst.
3. Ich werde mit Liebesverlust nicht fertig.

Der Nehmende: narzißtisch	Der Umsorgende: empathisch
Glaubensmuster 1. Du bist verantwortlich für meine Gefühle. Wenn du dich so um mich kümmerst, wie du das solltest, werde ich mich glücklich, liebenswert und wertvoll fühlen. 2. Meine Bedürfnisse sollten dir wichtiger sein als deine eigenen. 3. Ich kann dafür sorgen, daß du mich liebst, mich siehst, mich hörst, mich billigst.	Glaubensmuster 1. Ich bin verantwortlich für deine Gefühle. Wenn ich es richtig anstelle, wirst du mich lieben und mir Bestätigung geben, und ich werde mich glücklich, liebenswert und wertvoll fühlen. 2. Deine Bedürfnisse und Gefühle sind mir wichtiger als meine eigenen. 3. Ich kann dafür sorgen, daß du mich liebst, mich siehst, mich hörst, mich billigst.
Verhalten: offene Kontrolle schäumende Wut, Reizbarkeit, Selbstgerechtigkeit, Gewalt, Erklärungen, Ausfragen, Anklagen, Standpauken Lügen, Drohungen, Weinen, Schmollen, Schweigen, Wutanfälle, Kritik, Verletztsein, Entzug	Verhalten: verborgene Kontrolle Unterwürfigkeit: nachgeben, mitmachen, zu Gefallen sein, aufgeben Um Bestätigung buhlen durch: Nettigkeit, Lob, Verführung, Belehrungen
Gefühle Wenn die Kontrolle funktioniert: kurzfristig Selbstwertgefühle, Gefühle des Glücks und der Sicherheit. Wenn die Kontrolle nicht funktioniert: Man fühlt sich abgelehnt, verlassen, ängstlich, einsam, in Not, widerstrebend, aufgebracht.	Gefühle Wenn das Umsorgen funktioniert: kurzfristig Selbstwertgefühle, Gefühle des Glücks und der Sicherheit Wenn das Umsorgen nicht funktioniert: Man fühlt sich wütend, reizbar, ausgelaugt, wie in einer Falle, eingeschlossen, widerwillig, einsam, benutzt, verkannt, frustriert.

Beide sind süchtig
- ❑ daß man sich um sie kümmert und/oder
- ❑ sie sich um jemanden kümmern.

Sie können jederzeit die Rollen tauschen, abhängig von der Ebene, um die es geht: finanziell, emotional, sexuell, körperlich, intellektuell, gesellschaftlich.

Copyright © 1992: Aus *Inner Bonding* von Dr. Margaret Paul. Alle Rechte vorbehalten.

Sowohl der Nehmende als auch der Umsorgende können in eine widerspenstige Haltung verfallen; d.h., sie widersprechen grundsätzlich dem, was der andere will, anstatt für sich selbst zu entscheiden, was sie wollen. Nehmende leisten im allgemeinen von Anfang an Widerstand. Sie neigen dazu, Grenzen zu setzen, wo Grenzen gar nicht nötig sind; sie sagen automatisch nein, bevor sie überhaupt darüber nachdenken, ob sie das, was der andere will, nicht doch gern tun würden. Umsorgende geben erst einmal nach, wechseln dann jedoch häufig zu Widerstand über, wenn sie sich nicht genug anerkannt fühlen.

Wie sieht Ihr falsches Glaubensmuster in bezug auf Widerstand aus? Prüfen Sie, ob die folgenden Punkte auf Ihr erwachsenes Kind zutreffen.

- ❑ Mich gegen Kontrolle zu wehren ist wesentlicher Bestandteil meiner Integrität.
- ❑ Mich gegen Kontrolle zu wehren trägt zu meiner unabhängigen Identität bei.
- ❑ Wenn eine andere Person versucht, mich zu kontrollieren, habe ich nur die Alternative zwischen nachgeben oder Widerstand leisten.
- ❑ Ich bin nur dann wirklich Ich, wenn ich mich wehre.
- ❑ Es ist die Schuld der kontrollierenden Person, wenn ich mich wehre.
- ❑ Wenn ich Widerstand leiste, kann ich damit vermeiden, kontrolliert zu werden.
- ❑ Wenn ich keinen Widerstand leiste, würde ich mit Haut und Haaren verschlungen.

➢ Ich leiste der Kontrolle durch andere Widerstand, indem ich:

- ❑ nichts tue.
- ❑ sage, ich tue, was er oder sie will, und es dann nicht tue.
- ❑ genau das Gegenteil von dem tue, was er oder sie will.
- ❑ erkläre, verteidige oder wütend darüber werde, warum ich es nicht tun sollte.
- ❑ kritisiere und den anderen dafür, daß er fragte, ins Unrecht setze.
- ❑ sage, ich würde es tun, und dann etwas anderes tue.
- ❑ sage, ich würde es tun, und es dann vergesse oder einfach nicht auftauche.
- ❑ es hinausschiebe.
- ❑ so tue, als sei ich hilflos oder inkompetent.
- ❑ apathisch werde, ohne Begeisterung handele.
- ❑ krank werde.
- ❑ es falsch verstehe.
- ❑ tue, was der andere will, aber es nur halb mache.

- ❑ es absichtlich falsch mache.
- ❑ einen Weg finde, die Situation zu sabotieren.
- ❑ so tue, als würde ich es nicht hören.
- ❑ mich uninteressiert verhalte.
- ❑ mich dagegen sperre, aus der Situation zu lernen.
- ❑ mich weigere, eine Verpflichtung einzugehen.

➢ Manchmal leiste ich der Kontrolle anderer Widerstand, indem ich sie ausschließe. Ich schließe die anderen aus durch:

- ❑ Arbeit
- ❑ Drogen oder Alkohol
- ❑ Hobbys
- ❑ Krankheit
- ❑ Meditation
- ❑ Geldausgeben
- ❑ Fernsehen
- ❑ Kinder
- ❑ Nahrungsmittel
- ❑ Depression
- ❑ Geschichten erzählen
- ❑ Sorgen
- ❑ Lektüre
- ❑ Sport
- ❑ Freunde
- ❑ Schlaf
- ❑ Phantasievorstellungen, Tagträume
- ❑ schweigenden Rückzug voller Wut
- ❑ Kopfhörer
- ❑ Geschäftigkeit

(Ergänzen Sie bitte)

____

____

Das Problem beim Widerstand ist, daß widerspenstige Menschen unabsichtlich doch kontrolliert werden. Anstatt selbst zu entscheiden, was sie tun wollen, wehren sie sich blind gegen die Wünsche eines anderen.

Situationen, die häufig zu co-abhängigen Reaktionen führen

In unserem Alltag geraten wir in viele Situationen, die unser typisches co-abhängiges Reaktionsverhalten hervorrufen. Das heißt, unser erwachsenes Kind übernimmt das Steuer und überläßt das Kind entweder der Fürsorge eines anderen Menschen oder es läßt das Kind sich um das erwachsene Kind eines anderen sorgen. Wie reagieren Sie im allgemeinen auf die folgenden Situationen, oder wie würden Sie Ihrer Meinung nach reagieren, sollten Sie jemals in diese Situationen geraten?

➢ Der Partner Ihrer wichtigsten Beziehung ist wütend auf Sie , weist Ihnen die Schuld zu oder entzieht sich Ihnen.

____

____

____

____

➢ Ihr Chef brüllt Sie an.

____

____

____

____

➢ Sie erhalten einen Strafzettel.

____

____

____

____

➢ Sie sind pleite.

____

____

____

____

- Jemand, der Ihnen nahesteht, hat gerade eine Sache erfolgreich abgeschlossen, während Sie vor kurzem bei etwas gescheitert sind.

____

____

____

____

- Ihre Kinder sind wütend auf Sie.

____

____

____

____

- Ihre Kinder schneiden in der Schule schlecht ab.

____

____

____

____

- Ihre Eltern oder Ihre Geschwister haben Sie auf irgendeine Weise betrogen – sie haben anderen Familienmitgliedern Dinge über Sie erzählt, bei denen Sie ausdrücklich um Verschwiegenheit baten, oder haben Sie auf andere Weise enttäuscht.

____

____

____

____

- Ihr Angestellter, der normalerweise äußerst kompetent ist, hat einen ziemlich schwerwiegenden Fehler gemacht.

____

____

____

____

- Ihre beste Freundin flirtet mit Ihrem Partner. Ihr bester Freund macht sich an Ihre Partnerin heran.

- Sie verlieren bei einem Spiel oder eine Wette.

- Sie finden heraus, daß Sie sich bei einer Sache, bei der Sie sich absolut sicher waren, geirrt haben.

- Sie finden heraus, daß Ihr Partner eine Affäre hat.

- Ihr Partner möchte mit Ihnen schlafen. Sie haben keine Lust, wissen aber, daß er (oder sie) wütend sein wird, wenn Sie sich verweigern.

➢ Ihre Eltern wünschen Ihre Teilnahme an einem Familienfest. Sie möchten nicht hingehen.

____

____

____

____

➢ Ein Freund oder ein Familienmitglied, normalerweise sehr unzuverlässig, möchte sich Geld von Ihnen borgen.

____

____

____

____

➢ (Nur für Frauen) Sie sind zu Hause geblieben, solange Ihre Kinder noch klein waren. Nun möchten Sie zurück zu einer Ausbildung oder Berufstätigkeit, doch Ihr Ehemann ist dagegen.

____

____

____

____

➢ Ihr Ehepartner beschließt, sich von Ihnen zu trennen. Sie wollen jedoch keine Scheidung.

____

____

____

____

Vielleicht erkennen Sie mittlerweile, daß Sie selten wie ein wirklich liebevoller Erwachsener handeln, daß das erwachsene Kind in Ihnen häufig Ihrem inneren Kind gegenüber wenig liebevoll ist und daß die Gefühle Ihres inneren Kindes das Ergebnis dieses wenig liebenswerten, coabhängigen Verhaltens sind. Weder der Nehmende noch der Umsorgende ist Ihrem inneren Kind ein liebevoller Erwachsener. Im nächsten Kapitel werden wir sehen, wie es dazu kam.

4

Was Sie von Ihren Eltern lernten

Meistens waren unsere Eltern oder andere Betreuungspersonen erwachsene Kinder. Sie waren vielleicht autoritär, vielleicht tolerant oder auch eine Kombination aus beidem. Autoritäre Eltern üben eine starke Kontrolle über ihre Kinder aus, wobei die Eltern gewinnen und die Kinder verlieren. Tolerante Eltern sind oft abwesend, nachlässig oder nachsichtig gegenüber ihren Kindern; häufig gewinnen die Kinder, und die Eltern verlieren. Beide Wege der Elternschaft entspringen der Absicht, sich vor dem eigenen Schmerz zu schützen. Die Absicht, von den Bedürfnissen und Gefühlen ihrer Kinder zu lernen, ist nicht vorhanden, und es fehlt auch die Absicht, etwas über die Bedürfnisse und Gefühle des eigenen inneren Kindes zu lernen.

Wie verhielten sich Ihre Eltern? Da unsere Eltern bzw. unsere Betreuungspersonen Vorbilder für unseren eigenen inneren Erwachsenen waren, ist es für das Verständnis, wie wir uns selbst, unser eigenes inneres Kind, behandeln, überaus wichtig, sich an das Verhalten und das Wesen unserer Eltern zu erinnern.

Die folgende Visualisierung kann still für sich gelesen werden, oder Sie lassen sie sich von jemandem vorlesen. Wenn Sie sie bei leiser Musik lesen, entspannen Sie sich leichter und können sich besser erinnern. Setzen Sie sich während der Visualisierung bequem hin.

Visualisierung: Wie Probleme angegangen wurden, als Sie noch ein Kind waren

Setzen Sie sich bequem in Ihren Sessel. ... Wenn Ihnen jemand vorliest, schließen Sie die Augen. ... Nehmen Sie einige tiefe, entspannende Atemzüge. Wenn Sie ausatmen, lassen Sie alle Anspannung los. ... Achten Sie darauf, welcher Körperteil am verspanntesten ist – die Beine, der Brustkasten, die Schultern, die Stirn. ... Atmen Sie in diesen Körperteil hinein, und lassen Sie einfach los. ... Lassen Sie Ihre Schultern fallen, ... entspannen Sie Ihren Kiefer, ... der Sessel trägt Ihren Körper, ... Ihr Körper ist ganz entspannt.

Kehren Sie zu der Zeit zurück, als Sie klein waren. Erinnern Sie sich an die Wohnung, Ihr Zimmer, Ihre Familie, oder denken Sie daran, wie es war, keine Familie zu haben – bei Pflegeeltern zu wohnen oder in einem Waisenhaus ...

Sind Sie der Ansicht, daß Ihre Eltern bzw. Ihre Betreuungspersonen Sie mochten? Hielten sie Sie für einen wundervollen Menschen, oder war immer etwas an Ihnen verkehrt? Hatten Sie häufig das Gefühl, Sie seien nicht gut genug? Hatten Sie das Gefühl, ein schlechter Mensch zu sein?

Wenn Sie bei Ihren Eltern lebten, wie sind die beiden miteinander umgegangen? Waren sie offen und voller Respekt? War der eine aggressiv und der andere unterwürfig? Waren beide aggressiv? Haben sie sich ignoriert? Haben sie sich gegenseitig niedergemacht, kritisiert und sich füreinander geschämt? Haben sie sich gegenseitig die Schuld zugewiesen? Haben sie genörgelt? Gab es bei Ihnen zu Hause Gewalt?

Wie sind Ihre Eltern bzw. andere Betreuungspersonen mit sich selbst umgegangen? Waren Sie süchtig? Nach Alkohol, Drogen, Nahrungsmitteln? Hat sich einer immer für den anderen zurückgehalten? Hat sich Ihre Mutter oder eine andere Betreuungsperson körperlich mißbrauchen lassen? Hat sich ein Elternteil oder eine Ihrer Betreuungspersonen emotional mißbrauchen lassen? War einer bzw. waren beide ständig überarbeitet? Hat einer von beiden jemals gespielt? Haben sie um das gebeten, was sie wollten? Haben sie beide die Verantwortung für ihr eigenes Glück übernommen? Waren beide manchmal glücklich? Meistens glücklich? Wurde bei Ihnen zu Hause gelacht?

Wie sind Ihre Eltern bzw. Betreuungspersonen mit Schmerz umgegangen? Hielten sie es für Schwäche, wenn man Schmerz zeigte? Haben Sie jemals einen von beiden weinen sehen? Waren sie Opfer, oder haben sie für ihren eigenen Schmerz die Verantwortung übernommen? Waren sie füreinander da, wenn einer Schmerzen litt? Waren sie für Sie da, wenn Sie Schmerzen litten? War überhaupt jemals jemand für Ihren Schmerz da? Oder erhielten Sie von ihnen die Botschaft, daß sie weder ihren eigenen noch Ihren Schmerz in den Griff bekommen konnten?

Erinnern Sie sich an eine Zeit, als Sie etwas taten, was Ihre Eltern, Großeltern, Pflegeeltern oder andere Betreuungspersonen nicht mochten. Vielleicht haben Sie ein Spielzeug zerbrochen oder etwas anderes ruiniert, hatten schlechte Noten in der Schule, waren frech oder haben geschrien, haben Ihre Geschwister oder ein anderes Kind geschlagen oder hatten sonstwie Schwierigkeiten.

Wie sind Ihre Eltern bzw. Betreuungspersonen damit umgegangen? Waren sie verständnisvoll, fürsorglich, offen? Waren sie wütend, gewalttätig, mißbilligend, hart, schweigsam, kritisch, verurteilend, kalt, beschämend oder nörgelnd? Wie fühlten Sie sich, als sie Ihnen nicht liebevoll begegneten?

Wenn Sie etwas Positives taten – etwas erreicht hatten, gute Noten erhielten, nett zu jemandem waren, ein bestimmtes Talent zeigten –, wie reagierten sie darauf? Waren sie interessiert und liebevoll, oder haben sie Sie ignoriert? Nahmen sie an wichtigen Schulfesten teil oder waren sie dafür zu beschäftigt bzw. nicht interessiert? Hatten Sie das Gefühl, wichtig oder unwichtig für sie zu sein?

Nehmen Sie einige tiefe Atemzüge, und machen Sie sich bewußt, wie Sie selbst Ihr inneres Kind behandeln. Gleicht Ihr erwachsenes Kind einem Ihrer beiden Elternteile bzw. anderen Betreuungspersonen? Wie fühlt sich Ihr inneres Kind, wenn Sie beschämend, verurteilend oder abwesend sind?

Nehmen Sie jetzt einige tiefe Atemzüge, und konzentrieren Sie sich wieder auf die Gegenwart.

Schreibübungen

Schreiben Sie einen Brief an Ihre Mutter oder eine andere weibliche Betreuungsperson. Sagen Sie ihr, wie sie als Mutter war. Diesen Brief schicken Sie niemals. Sie können ihn auch dann schreiben, wenn Ihre Mutter bzw. Ihre Betreuungsperson tot ist oder Sie an einem bestimmten Punkt in Ihrem Leben von ihr verlassen wurden. Schreiben Sie aus dem Bauch, aus Ihren Gefühlen, aus Ihrem inneren Kind heraus.

Schreiben Sie jetzt einen Brief an Ihren Vater oder eine männliche Betreuungsperson. Sagen Sie ihm, wie er als Vater war.

Schreiben Sie nun einen Brief an Ihre Großmutter oder Ihren Großvater, an Ihre Schwester oder Ihren Bruder oder an irgend jemanden, der Ihr Leben stark beeinflußt hat. Sagen Sie diesem Menschen, wie sehr er Sie beeinflußt hat.

Mißbrauchen Sie Ihr inneres Kind mit lieblosen inneren Dialogen?

Bevor wir lernen können, wie man ein liebevolles inneres Elternteil wird, müssen wir zuerst erkennen, wie lieblos unser erwachsenes Kind ist. Kaum ein Augenblick vergeht, an dem wir nicht einen inneren Dialog führen. Unser Denken ist im allgemeinen eine Einbahnkonversation des erwachsenen Kindes, obwohl wir uns dessen meistens gar nicht bewußt sind. Noch weniger sind wir uns unserer Lieblosigkeit bewußt. Unser erwachsenes Kind ist normalerweise autoritär und nachlässig, entsprechend dem Verhalten unserer Eltern. Wir können einen inneren Machtkampf provozieren, wenn unser erwachsenes Kind autoritär ist und wir uns dagegen wehren, wenn wir beispielsweise beschließen, Diät zu halten und dann alles essen, was uns vor die Augen kommt. Die folgende Übung wird Ihnen helfen, sich Ihres erwachsenen Kindes bewußt zu werden. Jeder von uns erlernte seinen inneren Dialog aus der Art und Weise, wie unsere Eltern und Betreuungspersonen uns, einander und sich selbst behandelten. Nur wenn wir uns dieses Dialogs bewußt sind, können wir uns dafür entscheiden, ihn zu verändern. Wir können etwas, was uns gar nicht bewußt ist, nicht verändern.

Lesen Sie die folgende Liste durch, und kreuzen Sie diejenigen Punkte an, die Sie sich selbst sagen oder die Ihre Gefühle in bezug auf sich selbst widerspiegeln. Dieser Dialog muß sich nicht unbedingt in Worten ausdrücken; er kann auf einer Gefühlsebene stattfinden oder sich in Ihren Taten zeigen.

Manche Menschen sprechen in ihren inneren Dialogen von »ich«, andere von »du«. Wir haben hier »du« verwendet; wenn Sie jedoch jemand sind, der mit sich in der Ich-Form spricht, dann ersetzen Sie dieses Wort einfach beim Lesen.

Autoritärer innerer Dialog

- ❑ »Du zählst nicht.«
- ❑ »Du verdienst es nicht, das zu tun, was du gerne tun möchtest.«
- ❑ »Es kommt nicht darauf an, was du willst. Es ist viel wichtiger, was er (oder sie) will.«
- ❑ »Mach keine Schwierigkeiten. Bleib bloß auf dem Teppich. Zieh einfach mit.«
- ❑ »Verletze ihn nicht; das kann er nicht vertragen. Verletze sie nicht; damit wird sie nicht fertig.«
- ❑ »Gib einfach nach. Das ist einfacher, als zu streiten.«
- ❑ »Lüge doch einfach. Das ist viel besser, als wenn er dich anschreit.«

- ❑ »Du kannst das, was du willst, nicht bekommen. Also laß es gut sein.«
- ❑ »Wenn du nicht nachgibst, werden alle dich verlassen, und du bleibst einsam zurück.«
- ❑ »Es ist in Ordnung, dich zu verlieren, aber verliere ihn nicht.«
- ❑ »Tu einfach, was von dir erwartet wird. Es kommt wirklich nicht darauf an, was du selbst willst.«
- ❑ »Entweder du tust, was er will, oder du kommst bald in Schwierigkeiten.«
- ❑ »Du hast es wieder einmal verbockt.«
- ❑ »Du bist schlecht. Du solltest dich schämen.«
- ❑ »Du bist selbstsüchtig.«
- ❑ »Was glaubst du eigentlich, wer du bist?«
- ❑ »Erst die Pflicht, dann das Vergnügen.«
- ❑ »Du solltest ...«, »Du solltest nicht ...«, »Eigentlich ...«
- ❑ »Stell dich nicht so dumm an. Du bist ein Idiot.«
- ❑ »Du wirst nie gut genug sein. Du wirst es nie richtig machen.«
- ❑ »Dir fehlt es einfach an dem, worauf es ankommt.«
- ❑ »Was ist mit dir los? Ist das etwa zum Heulen?«
- ❑ »Du bist häßlich.«
- ❑ »Halt den Mund. Du weißt ja gar nicht, was du da sagst.«
- ❑ »Es ist alles deine Schuld.«
- ❑ »Du bist ja verrückt.«
- ❑ »Das kannst du nicht ...«, »Dazu bist du gar nicht in der Lage.«

Innerer Dialog des Widerstands

- ❑ »Sag du mir nicht, was ich tun soll.«
- ❑ »Ich muß das nicht. Du kannst mich nicht dazu zwingen.«
- ❑ »Ich kann nicht.«
- ❑ »Warum sich die Mühe machen? Wen kümmert's?«

Nachlässiger, nachsichtiger innerer Dialog

- ❑ »Wenn du lange genug wartest, wird es jemand anders für dich erledigen.«
- ❑ »Ich will nicht zur Arbeit gehen. Laß uns einfach weiterschlafen.«
- ❑ »Noch ein Bier wird mir nicht schaden. Ich hab's verdient.«
- ❑ »Ich habe eine Belohnung verdient. Ich werde mir ein Stück Kuchen gönnen.«
- ❑ »Ich fühle mich einsam. Ich nehme mir ein Stück Kuchen.«

- ❑ »Das hätte sie nicht sagen sollen. Ich werde ihr eine Ohrfeige verpassen – das wird ihr eine Lehre sein.«

Kein innerer Dialog (zurückgezogenes erwachsenes Kind)

Beantworten Sie die folgenden Fragen:

➢ Wer ist Ihr Vorbild für diesen lieblosen inneren Dialog? Nach wem hört sich Ihr erwachsenes Kind an?

____

____

____

____

____

____

____

➢ Wie fühlt sich Ihr inneres Kind, wenn Sie es auf diese Weise behandeln?

- ❑ beschämt
- ❑ unwichtig
- ❑ dumm
- ❑ wütend
- ❑ einsam
- ❑ ängstlich
- ❑ besorgt
- ❑ schlecht
- ❑ fehlerhaft
- ❑ unzulänglich
- ❑ nicht liebenswert
- ❑ befleckt, beschmutzt
- ❑ machtlos, hilflos
- ❑ schuldig
- ❑ niedergeschlagen
- ❑ reizbar
- ❑ leer
- ❑ wertlos

Ist der innere Dialog mit Ihrem inneren Kind jemals liebevoll?

Es gibt hoffentlich Gelegenheiten, bei denen Sie Ihrem inneren Kind liebevolle Dinge sagen. Prüfen Sie den folgenden inneren Dialog. Hören Sie sich normalerweise selbst sagen, oder fühlen Sie die folgenden Worte (hier haben wir »ich« eingesetzt. Wenn Sie »du« bevorzugen, ändern Sie es einfach ab):

- ❑ »Ist schon in Ordnung. Nächstes Mal werde ich es besser machen.«
- ❑ »Ich sehe toll aus!«
- ❑ »Das war wirklich kreativ!«
- ❑ »Ich habe hervorragende Arbeit geleistet.«
- ❑ »Es ist vollkommen in Ordnung, wenn ich mich selbst bestätige.«
- ❑ »Was mir wichtig ist, *ist* wirklich wichtig.«
- ❑ »Ich kann.«
- ❑ »Ich habe Gutes verdient.«
- ❑ »Ich bin für seine Gefühle nicht verantwortlich.«
- ❑ »Ich muß weder aufgeben noch nachgeben.«
- ❑ »Es muß einen guten Grund dafür geben, warum ich mich so verhalten habe.«
- ❑ »Ich kann glücklich sein, ganz egal, was geschieht.«
- ❑ »Ich muß nicht gewinnen; ich kann auch einfach nur Spaß haben.«
- ❑ »Es ist in Ordnung, wenn ich meine Gefühle und Bedürfnisse ernst nehme.«
- ❑ »Der Weg ist frei! Das ist toll!«
- ❑ »Es ist in Ordnung, etwas zu riskieren und Neues auszuprobieren.«
- ❑ »Es ist in Ordnung, um Hilfe zu bitten.«
- ❑ »Das konnte ich nicht wissen.«
- ❑ »Die Menschen sorgen sich wirklich um mich.«
- ❑ »Ich bin sehr sanft und fürsorglich.«
- ❑ »Ich bin lustig und bringe die Leute zum Lachen.«
- ❑ »Wenn andere mich verurteilen, dann ist das deren Problem.«
- ❑ »Ich muß das nicht persönlich nehmen.«
- ❑ »Ich werde mich besser fühlen, wenn ich ______________ (fügen Sie hier Ihre Lieblingssucht ein) aufgebe, aber ich werde mich dabei nicht selbst zerfleischen.«
- ❑ »Ich bin ein liebenswerter Mensch.«
- ❑ »Ich bin ein guter Mensch.«

Wie würde sich Ihrer Ansicht nach Ihr inneres Kind fühlen, wenn Sie ständig in einem liebevollen inneren Dialog mit ihm stünden? Vielleicht können Sie allmählich erkennen, daß die Gefühle Ihres inneren Kindes durch die Gedanken Ihres liebevollen Erwachsenen bzw. Ihres erwachsenen Kindes bestimmt werden.

Falsche Glaubensmuster in bezug auf das innere Kind oder den Wesenskern

Die Dinge, die wir von unseren Eltern, Geschwistern, Großeltern, Lehrern und Betreuungspersonen gelernt haben, die Art und Weise, wie sie uns behandelten und wie sie unserer Erfahrung nach mit sich selbst und miteinander umgingen, schuf eine ganze Reihe falscher Glaubensmuster, die wir mit uns herumtragen. Diese falschen Glaubensmuster verursachen einen Großteil unseres Schmerzes.

Prüfen Sie die Dinge, die Sie von Ihren Vorbildern gehört oder aufgenommen haben, von Geschwistern, Freunden, aus dem Fernsehen oder von der Gesellschaft im allgemeinen – Dinge, die Ihr erwachsenes Kind möglicherweise immer noch glaubt, Dinge, für die Sie sich schämen. Versuchen Sie, die Liste aus der Sicht Ihres erwachsenen Kindes zu lesen. Obwohl Ihr liebevoller Erwachsener weiß, daß es sich um falsche Glaubensmuster handelt, kann Ihr erwachsenes Kind sie dennoch für wahr halten.

- ❑ 1. Ich bin im Grunde ein schlechter, verkehrter, mangelhafter oder unwerter Mensch.
- ❑ 2. Ich bin nicht gut genug.
- ❑ 3. Ich bin nicht liebenswert.
- ❑ 4. Ich habe viele Fehler.
- ❑ 5. Ich zähle nicht, auf mich kommt es nicht an, ich bin unwichtig.
- ❑ 6. Ich stehe im Weg, ich bin eine Last, ich bin eine Plage.
- ❑ 7. Ich bin schlecht, verkehrt, wertlos, mangelhaft, unzulänglich, nicht liebenswert, eine Last, unwichtig oder nicht gut genug, weil:
  - ❑ Ich bin zu groß.
  - ❑ Ich bin zu klein.
  - ❑ Ich bin zu mager.
  - ❑ Ich bin zu fett.
  - ❑ Ich bin häßlich, unscheinbar oder unattraktiv.
  - ❑ Ich bin nicht intelligent genug, nicht klug genug.
  - ❑ Ich bin dumm.
  - ❑ Ich bin zu intelligent, zu klug, als es gut für mich wäre.
  - ❑ Ich bin nicht kreativ genug.

- ❑ Ich bin humorlos.
- ❑ Ich verdiene nicht genug Geld.
- ❑ Ich bin in meinem Beruf nicht die/der Beste.
- ❑ Ich fahre kein schönes Auto.
- ❑ Ich bin ein Schafskopf.
- ❑ Niemand mag mich.
- ❑ Ich bin schüchtern.
- ❑ Ich bin zu aggressiv.
- ❑ Ich bin zu selbstsüchtig.
- ❑ Ich bin zu aufdringlich.
- ❑ Ich bin zuviel ... – ich weiß nur nicht, zuviel von was.
- ❑ Ich bin anders als andere.
- ❑ Ich bin merkwürdig.
- ❑ Ich bin zerstreut.
- ❑ Ich mache Fehler.
- ❑ Ich habe körperliche Mängel.
- ❑ Ich habe Probleme.
- ❑ Ich habe zu nahe am Wasser gebaut.
- ❑ Ich bin zu emotional.
- ❑ Ich bin nicht vollkommen.
- ❑ Ich bin nicht sehr gesprächig.
- ❑ Ich denke nicht schnell genug.
- ❑ Ich bin wie mein Vater.
- ❑ Ich bin wie meine Mutter.
- ❑ Ich kann mich nicht um mich selbst kümmern.
- ❑ Ich brauche einen Mann, der sich um mich kümmert.
- ❑ Ich brauche eine Frau, die sich um mich kümmert.
- ❑ Ich kann keine Entscheidungen treffen.
- ❑ Ich werde es nie zu etwas bringen.
- ❑ Ich kann keine Witze erzählen.
- ❑ Ich bin zu sensibel.
- ❑ Ich bin zu unsensibel.
- ❑ Ich bin zu ernst.
- ❑ Ich bin nicht ernst genug.
- ❑ Ich denke anders als andere.
- ❑ Ich bin ein Einzelgänger.
- ❑ Ich habe keinen Partner.
- ❑ Ich habe Angst davor, allein zu sein.
- ❑ Ich werde von Ängsten geplagt.
- ❑ Ich leide unter Phobien.
- ❑ Ich bin unreif.
- ❑ Ich bin kein Profi.

- ❑ Ich bin kein Akademiker.
- ❑ Ich habe niemals eine weiterführende Schule besucht.
- ❑ Ich verfüge nur über einen beschränkten Wortschatz.
- ❑ Ich kann nicht rechnen.
- ❑ Ich kann nicht gut lesen.
- ❑ Ich habe keine Phantasie.
- ❑ Ich bin nicht spirituell genug.
- ❑ Ich bin zu spirituell.
- ❑ Ich mache alles falsch.
- ❑ Ich wurde als Kind mißbraucht.
- ❑ Wenn etwas Schlimmes geschieht, ist es immer meine Schuld.
- ❑ Ich habe immer Pech.
- ❑ Ich leide unter Eßstörungen.
- ❑ Ich bin Alkoholiker.
- ❑ Ich bin drogensüchtig.
- ❑ Ich bin zu erotisch.
- ❑ Ich bin süchtig nach Sex.
- ❑ Ich bin unerotisch.
- ❑ Ich bin verrückt.
- ❑ Ich bin ein Schwindler.
- ❑ Ich bin selbstgerecht und arrogant.
- ❑ Ich bin depressiv.
- ❑ Ich bin oberflächlich.
- ❑ Bei mir ist eine Schraube locker.
- ❑ Ich bin ein Langweiler.
- ❑ Ich habe keine Persönlichkeit.
- ❑ Ich bin ein Tugendbold.
- ❑ Ich bin ein Mann.
- ❑ Ich bin eine Frau.
- ❑ Ich bin schwul oder bisexuell.
- ❑ Ich bin ausländischer Abstammung oder gehöre einer Minderheit an.

(Fügen Sie Ihre eigenen Punkte hinzu.)

- ❑ ____________________
- ❑ ____________________
- ❑ ____________________

Lesen Sie jetzt noch einmal alle von Ihnen angekreuzten Punkte durch, und schreiben Sie neben jeden Punkt, woher dieses falsche Glaubensmuster stammt bzw. welche Erfahrungen Sie zu dieser Überzeugung geführt haben.

Entdecken Sie die Wahrheit über diese Glaubensmuster

Die Wahrheit über unsere falschen Glaubensmuster erfahren wir durch unsere Höhere Macht. Die Erkenntnis der Wahrheit über diese Glaubensmuster ist ein Prozeß, den Sie immer wieder durchlaufen können.

Übung zum Erlernen der Wahrheit

Lesen Sie die Übung und die Beispiele zuerst durch, bevor Sie anfangen.

1. Suchen Sie sich eines der von Ihnen angekreuzten falschen Glaubensmuster aus.
2. Nehmen Sie einige ganz tiefe Atemzüge, und entspannen Sie Ihren Körper.
3. Entscheiden Sie sich für die Absicht zu lernen.
4. Atmen Sie in Ihr Herz; visualisieren Sie, wie es sich – einer Kameralinse gleich – öffnet. Stellen Sie sich über Ihrem Kopf ein weißgoldenes Licht vor, das Licht der Liebe und der Wahrheit. Visualisieren Sie, wie dieses Licht Ihren Geist, Ihr Herz und Ihren Solarplexus durchdringt und Sie mit Liebe und Wahrheit erfüllt.
5. Bitten Sie mit offener Einstellung und dem tiefen Verlangen, die Wahrheit zu erkennen, Ihre Höhere Macht um die Wahrheit über das Glaubensmuster, das Sie ausgewählt haben.
6. Lassen Sie sich von der Antwort durchdringen. Sie kommt vielleicht nicht sofort, aber sie wird kommen. Sie kann durch einen Traum oder in einem kreativen Augenblick erscheinen, aber auch während eines Gesprächs mit jemand anders.
7. Teilen Sie diese Wahrheit Ihrem inneren Kind laut mit. Lenken Sie die Information aus Ihrem Kopf und aus Ihrem Herzen in Ihren Bauch.

Beispiel

Lassen Sie uns annehmen, Sie haben »Ich bin nicht intelligent genug« angekreuzt und sind zu dieser Überzeugung gelangt, weil Sie in der Schule immer schlechte Noten hatten und Ihr Vater Ihnen dauernd vorhielt, Sie seien dumm. Daher fühlen Sie sich unzulänglich und nicht liebenswert. Was könnte Ihnen Ihre Höhere Macht sagen?

»Nur weil du in der Schule schlecht abgeschnitten hast, bedeutet das noch lange nicht, daß du nicht intelligent bist. Deine Intelligenz kommt aus der rechten Gehirnhälfte, es ist eine kreative Intelligenz, die sich bei Prüfungen häufig nicht nachweisen läßt.«

»Du warst in der Schule schlecht, weil du Angst hattest und du dich gefragt hast, was dich zu Hause erwartet. Kinder lernen nicht gut, wenn sie Angst haben.«

»Dein Vater hat viele Dinge gesagt, die nicht stimmten.«

»Deine Liebenswürdigkeit hat nichts mit deiner Intelligenz zu tun. Du bist ein reizender und netter Mensch. Du bist überaus liebenswert.«

Wenn Sie Ihren inneren Dialog verändern und ihn auf die Wahrheit Ihrer Höheren Macht abstimmen, anstatt auf die falschen Glaubensmuster, die Sie seit Ihrer Kindheit mit sich tragen, wird das letztendlich Ihre Einstellung zu sich selbst verändern. Ihr inneres Kind wird sich so lange nicht liebenswert und ungeliebt fühlen, wie Ihr innerer Dialog das Glaubensmuster Ihrer Eltern widerspiegelt. Aber Sie als Erwachsener haben die Wahl, diesen inneren Dialog zu verändern. Da unsere Gefühle von unseren Gedanken bestimmt werden, verändert ein Wechsel unseres Denkens über uns selbst auch unsere Gefühle über uns selbst und über die Welt.

5

Was ist der Kern meines Wesens? Wer ist mein natürliches inneres Kind?

In den beiden vorhergehenden Kapiteln haben wir einige der vielen Gefühle und Verhaltensweisen erforscht, die uns in unserem geschützten, abgetrennten Egozustand, unserem Zustand des erwachsenen Kindes, ausmachen. Wir bestehen nicht *nur* aus diesen Gefühlen und Verhaltensweisen: Hinter unseren Ängsten und falschen Glaubensmustern liegt mehr. Diese lieblosen Gefühle und Verhaltensweisen machen uns aus, wenn wir ungeliebt und verlassen sind, zuerst durch unsere Eltern und dann durch uns selbst. Es ist jetzt an der Zeit, zu entdecken, wer wir hinter dem Menschen sind, zu dem wir aus Furcht wurden. Es ist an der Zeit, unseren echten Wesenskern zu entdecken, unser wirkliches inneres Kind.

Wenn wir mit Sicherheit *wüßten*, daß wir im Kern liebenswert sind, würden wir es viel leichter haben, uns zu lieben. Wenn unsere Eltern uns durch ihr liebevolles Verhalten uns und sich selbst gegenüber einen akkuraten Spiegel vorgehalten hätten, würden wir wissen, daß wir liebenswert sind. Dieser Spiegel hätte ausdrücken müssen: »Du bist ein Kind Gottes, geschaffen nach Gottes Bild mit dem göttlichen Funken in deinem Herzen, so wie wir alle, und deswegen bist du liebenswert. Du bist liebenswert, einfach deshalb, weil es dich gibt. Deine Liebenswürdigkeit wird nicht dadurch bestimmt, wie du aussiehst, wie klug oder wie talentiert du bist oder wieviel Geld du hast. Die Liebe im Universum hat dich erschaffen; du bist Liebe, und daher bist du liebenswert.« Wenn dieser Spiegel all das ausgedrückt hätte, dann würden wir in den Tiefen unseres Seins um unsere Liebenswürdigkeit wissen. Aber statt dessen schämen wir uns für uns selbst – für unsere Neugier, unser Temperament, unsere Wünsche, Bedürfnisse, Gefühle und unsere Sexualität.

Wir wurden beschimpft für den Versuch, uns glücklich zu machen, wenn das, was wir wollten, in Konflikt stand mit dem, was unsere Eltern wollten. Wir wurden dafür beschimpft, wie wir waren.

Also nahmen wir diesen liebenswerten Wesenskern und versteckten ihn. Statt seiner schufen wir ein falsches Selbst: das erwachsene Kind, das Ego. Wir hofften, es würde uns die Liebe und die Bestätigung bringen, nach der wir uns so verzweifelt sehnten. Wir verloren unsere Verbindung zu unserem Wesenskern und daher zu unserem Höheren Selbst und zu Gott. Wir wurden zu verlorenen Seelen, die verzweifelt versuchten, den »richtigen« Weg zu finden, um anerkannt zu werden.

Wir müssen akzeptieren, daß wir geliebt und liebenswert auf die Welt kommen. Das ist unumgänglich, wenn Sie für sich selbst zu einem liebevollen Elternteil werden wollen. Wenn Sie glauben, daß Sie schlecht oder böse geboren wurden, daß Sie die Erniedrigung und den Mißbrauch verdienten, den Sie als Kind »zu Ihrem eigenen Besten« erfahren haben, dann wird es Ihnen sehr schwerfallen, sich selbst zu lieben und für sich selbst die Verantwortung zu übernehmen.

Wenn Sie wirklich glauben, daß Sie schlecht waren, als Sie auf die Welt kamen, ist es wichtig, daß Sie diese Überzeugung in Frage stellen. Die folgenden Übungen können Ihnen dabei helfen, dieses falsche Glaubensmuster aufzulösen.

➢ 1. Verbringen Sie einige Zeit mit Babys. Lassen Sie die Erfahrung ihrer Freundlichkeit und Unschuld zu. Wir sind noch nie auf ein Baby getroffen, das »schlecht« zu sein schien. Einige Babys sind unglücklich, weil sie körperlich oder emotional Schmerz leiden, das macht sie jedoch nicht schlecht. Sie fangen erst dann an, »schlechte« Dinge zu tun, wenn man ihnen schlechte Dinge antut. Was ist Ihre wichtigste Erfahrung mit Babys?

___

___

___

___

___

___

___

___

___

➢ 2. Betrachten Sie ein paar Photos von sich selbst als Kleinkind. Sehen Sie in sich »Schlechtigkeit«?

Was sehen Sie?

➢ 3. Sprechen Sie mit Menschen, die Sie schon als Kleinkind kannten. Fragen Sie sie, wie Sie als kleines Kind waren. Was antworten sie?

➢ 4. Nehmen Sie einige tiefe Atemzüge, und lassen Sie sich in einen Zustand der Entspannung fallen. Visualisieren Sie sich selbst als Geist, bevor Sie Ihren Körper betraten. Wer waren Sie in Ihrer Seele? (Wenn Ihr Glaubenssystem so etwas nicht zuläßt, gehen Sie einfach zur nächsten Frage über.)

➢ 5. Gehen Sie in Ihre Mitte, und spüren Sie das kleine Kind in sich, das Kind, das Sie bei Ihrer Geburt waren. Waren Sie:

- ❑ weich
- ❑ knuddelig
- ❑ süß
- ❑ freundlich
- ❑ nett
- ❑ fürsorglich
- ❑ liebevoll
- ❑ glücklich
- ❑ traurig
- ❑ einsam
- ❑ ängstlich
- ❑ zufrieden
- ❑ neugierig
- ❑ wütend
- ❑ verunstaltet
- ❑ krank

Glauben Sie, daß irgendeine dieser Eigenschaften Sie von Natur aus unliebenswürdig macht?

____

____

____

____

____

____

____

____

____

____

____

____

____

Wenn Sie diese Frage bejahen, begründen Sie es bitte.

Wenn Sie diese Frage bejahen, bestimmen Sie für sich selbst, was es heißt, liebenswert zu sein.

Bestimmen Sie nun bitte, was es heißt, nicht liebenswert zu sein.

Wenden Sie sich, um zu lernen, nun Ihrer Höheren Macht zu und bitten Sie um die wahre Definition der Liebenswürdigkeit. Wie lautet die Antwort, die Sie erhalten?

Arbeiten Sie mit diesen Übungen, bis Sie in der Tiefe Ihres Seins *wissen*, daß Sie liebenswert geboren wurden.

Persönlichkeit

Wir kommen alle mit unseren besonderen Wesensarten in diese Welt, mit einer einzigartigen Persönlichkeit, unserem einzigartigen Ausdruck von Gott, der wir sind. Wenn unsere Eltern liebevoll waren, schätzten sie uns für das, was wir waren, auch wenn wir anders waren als sie. Wenn sie nicht liebevoll waren, machten sie uns wegen unserer Einzigartigkeit Vorwürfe. Ein Teil der Aufgabe unseres liebevollen Erwachsenen ist es, unser besonderes Wesen kennenzulernen und unsere Einzigartigkeit wertzuschätzen.

Was für eine Art Kind waren Sie? Was für eine Art Kind sind Sie heute? Das Kind ist der bleibende Teil von uns. Wer Sie waren und wer Sie jetzt sind, ist ein und dasselbe. Wenn Sie die folgenden Punkte prüfen, stimmen Sie sich auf sich ein, wie Sie jetzt sind, und erinnern Sie sich gleichzeitig daran, wie Sie als Kind waren.

- ❏ aktiv, schnell
- ❏ ruhig, langsam
- ❏ gern unter Menschen, gesellig
- ❏ jemand, der sich lieber auf nur einen Menschen konzentriert
- ❏ Tagträumer

- ❑ vorsichtig in der Gegenwart anderer
- ❑ vorsichtig beim Ausprobieren neuer Dinge
- ❑ spontan
- ❑ zurückhaltend
- ❑ extrovertiert
- ❑ still
- ❑ schüchtern
- ❑ bestimmt von der linken Gehirnhälfte, analytisch, lineares Denken
- ❑ bestimmt von der rechten Gehirnhälfte, kreativ, holistisches Denken
- ❑ sowohl von der linken als auch von der rechten Gehirnhälfte bestimmt
- ❑ lernen durch lesen und sehen
- ❑ lernen durch hören
- ❑ lernen durch Handlung, Bewegung
- ❑ in Bildern denkend
- ❑ in Worten denkend
- ❑ unbeschwert
- ❑ ernsthaft
- ❑ geistreich
- ❑ praktisch veranlagt
- ❑ bodenständig, realistisch
- ❑ ordentlich, gut durchorganisiert
- ❑ schlampig, unorganisiert
- ❑ klug, im praktischen Sinne
- ❑ klug, im intellektuellen Sinne
- ❑ klug, im kreativen Sinne
- ❑ klug, im Sinne intuitiver Weisheit
- ❑ lustig, mit ausgeprägtem Sinn für Humor
- ❑ temperamentvoll
- ❑ entschlossen
- ❑ gelassen
- ❑ spielerisch
- ❑ sensibel
- ❑ unschuldig
- ❑ fröhlich
- ❑ friedfertig

Nichts an den oben genannten Eigenschaften ist richtig oder falsch, gut oder schlecht, besser oder schlechter – es gibt sie einfach, und sie müssen von Ihrem liebevollen Erwachsenen derart gewichtet werden, daß Ihr inneres Kind ein hohes Selbstwertgefühl erlangt. Einige der Eigenschaften, die Sie besitzen, wurden von Ihrer Familie eventuell ins

Lächerliche gezogen, wohingegen andere, über die Sie nicht verfügen, sehr geschätzt wurden. Es ist Ihre Aufgabe als liebevoller Erwachsener, sich – so, wie Sie sind – zu schätzen und zu akzeptieren, ohne dafür geringer von sich zu denken. Der eine hat einen ausgeprägten Sinn für Humor, und der andere ist ernsthaft, das macht weder den einen noch den anderen liebenswerter oder wertvoller. Es gehört zum Prozeß des Inner Bonding, die Eigenschaften, die Sie angekreuzt haben, wirklich schätzenzulernen.

Ihr Aussehen

In unserer Gesellschaft ist unser Aussehen häufig eng mit unserem Gefühl für Selbstwert und Liebenswürdigkeit verbunden. Diejenigen, die einem bestimmten Schönheitsideal nicht entsprechen, fühlen sich oft unsicher und glauben, sie seien nicht liebenswert. Diejenigen, die diesem Ideal entsprechen, fühlen sich häufig ebenfalls unsicher, weil sie die Empfindung haben, nur wegen ihres Aussehens geliebt zu werden, anstatt wegen ihrer Persönlichkeit. Es ist für alle von uns wichtig, unser Aussehen zu bewerten, aber wir dürfen unsere Liebenswürdigkeit nicht damit verknüpfen.

Prüfen Sie, welche der folgenden Punkte Ihrer eigenen Wahrnehmung über Ihr Aussehen entsprechen:

- ❑ niedlich
- ❑ schön
- ❑ stattlich
- ❑ süß
- ❑ hübsch
- ❑ anders
- ❑ attraktiv
- ❑ exotisch
- ❑ erdverbunden
- ❑ kräftig
- ❑ stark
- ❑ robust
- ❑ zerbrechlich
- ❑ zierlich
- ❑ weich
- ❑ rund

- ❑ eckig
- ❑ fest
- ❑ angenehm
- ❑ sinnlich
- ❑ stämmig
- ❑ mächtig
- ❑ groß
- ❑ klein
- ❑ winzig
- ❑ hochgewachsen
- ❑ kurzgewachsen
- ❑ breit
- ❑ schlank
- ❑ mit regelmäßigen Zügen
- ❑ mit ausgeprägten Zügen
- ❑ interessant

Und wieder ist es ein wichtiger Teil des Inner Bonding, die Bedeutung Ihres einzigartigen Aussehens schätzenzulernen, ohne Ihren Wert oder Ihre Liebenswürdigkeit damit zu verknüpfen.

Ihre Talente

Manche Menschen werden mit einem oder mehreren besonderen Talenten geboren. Manchmal werden diese Talente im Familienkreis geschätzt und manchmal nicht. Wenn der Selbstwert eines Menschen gänzlich von seinem Talent abhängt, kann das zur Co-Abhängigkeit beitragen. Sehr begabte Menschen sind häufig zutiefst unsicher, weil sie glauben, man würde sie nur aufgrund ihrer Begabung lieben, ebenso wie schöne Menschen häufig der Ansicht sind, sie würden nur für ihr Aussehen geschätzt.

Wo liegen Ihre Talente? Prüfen Sie, ob die folgenden Punkte auf Sie zutreffen.

- ❑ Sport – koordiniert, athletisch
- ❑ handwerkliches Geschick – das Talent, Dinge herzustellen oder zu reparieren
- ❑ grüner Daumen – kann mit Pflanzen umgehen
- ❑ Kleidung – kann Muster entwerfen oder nähen

- ❑ Kochen, Haute Cuisine
- ❑ Handarbeit – weben, sticken, nähen
- ❑ zeichnen
- ❑ malen
- ❑ töpfern
- ❑ bildhauern
- ❑ Landschaftsgestaltung
- ❑ Architektur
- ❑ Möbelentwurf oder -herstellung
- ❑ Innenausstattung
- ❑ Schmuck entwerfen oder herstellen
- ❑ eines oder mehrere Instrumente spielen
- ❑ Gesang
- ❑ Musik komponieren
- ❑ schauspielern
- ❑ Regie führen
- ❑ Drehbücher schreiben
- ❑ Belletristik schreiben
- ❑ Sachbücher schreiben
- ❑ Lyrik schreiben
- ❑ Wissenschaft – kreatives Forschen
- ❑ Erfindergeist
- ❑ innovative Ideen
- ❑ Reden halten
- ❑ unterrichten
- ❑ psychologische Einblicke
- ❑ mediale Veranlagung
- ❑ Netzwerke unterhalten
- ❑ Humor
- ❑ Heilkräfte
- ❑ Treffsicherheit
- ❑ Hand-Auge-Koordination
- ❑ gewandt auf gesellschaftlichem Parkett
- ❑ Führungstalent
- ❑ Geschäfte/Unternehmen – aufbauen, führen oder wieder in Schwung bringen
- ❑ Geld verdienen
- ❑ guter Vater, gute Mutter sein
- ❑ sich an Einzelheiten erinnern (hervorragendes Gedächtnis)
- ❑ Wärme, Liebe und Fürsorge teilen
- ❑ andere inspirieren
- ❑ anderen helfen

(Fügen Sie Ihre eigenen Punkte hinzu.)

Sehen Sie noch einmal durch, welche Punkte Sie bei den oben genannten Persönlichkeitsmerkmalen, bei Aussehen und Talenten angekreuzt haben. Lassen Sie nun Ihren liebevollen Erwachsenen einen »Spiegelbrief« an Ihr inneres Kind schreiben. Halten Sie ihm einen klaren Spiegel vor, und beschreiben Sie Ihrem Kind, wer es ist. Es folgt ein Musterbrief, der von einer Teilnehmerin an einem unserer Workshops geschrieben wurde.

Beispiel eines »Spiegelbriefs« an Ihr Kind

Kleines, Du bist ein wertvolles Wesen. Du bist sensibel, und ich schätze das. Ich weiß, Du hast ein fürsorgliches Herz, und Du fühlst Dich immer schlecht, wenn Du merkst, daß jemand verletzt ist.

Du bist sehr klug. Manchmal kann ich nur staunen, wie klug und weise Du bist, obwohl ich Dir niemals gesagt habe, wie sehr ich das an Dir schätze. Du hast eine Weisheit, die mich in die richtige Richtung geführt hat, wann immer ich auf Dich hörte.

Ich liebe Deinen Sinn für Humor. Dein Sinn für Humor hat mich viele harte Zeiten durchstehen lassen. Und ich mag Dein Aussehen. Ich weiß, Du kannst das kaum glauben, da ich Dein Aussehen immer kritisiert habe. Aber Du bist ein süßes Kind, und ich bin froh, daß Du zu mir gehörst.

Du bist auch sehr begabt. Ich schätze Deine Fähigkeit, kreativ zu schreiben und zu denken, wirklich sehr. Tatsächlich weiß ich nicht, wo ich ohne Dich wäre.

Ich mag auch die Art und Weise, wie Du mit Deinem Körper umgehst. Du bist agil, und das fühlt sich gut an.

Und was am wichtigsten ist: Ich weiß, daß Du ein guter und lieber Mensch bist. Ich weiß, wenn ich für Dich da bin und Dich so liebe, wie Du es verdienst, werden Deine Güte und Freundlichkeit hervortreten, und ich weiß, wenn ich nicht für Dich da bin, fühlst Du Dich traurig und einsam. Ich möchte, daß Du weißt, daß ich Dich so, wie Du bist, sehr liebe.

Schreiben Sie jetzt Ihren eigenen Brief an Ihr Kind:

Viele von uns haben gelernt, die Fülle und Freude unseres Kindes durch Aktivitäten und Erfahrungen zu spüren. Wenn wir unserem inneren Kind ein liebevoller Erwachsener sein wollen, müssen wir für diese Aktivitäten und Erfahrungen sorgen. Die wunderbaren Erfahrungen des Lebens schenken uns das Gefühl, als ob wir endlich zu uns selbst nach Hause gekommen wären. Sie geben uns einen Eindruck, wie es ist, Freude zu fühlen. Die folgende Übung wird Ihnen helfen, einige der Aktivitäten und Erfahrungen, die Ihnen Freude vermitteln, zu bestimmen.

➢ Wie fühlen und reagieren Sie auf die folgende Situation (oder wie würden Sie fühlen und reagieren):

Sie verlieben sich.

Sie erhalten die Beförderung, auf die Sie so lange gewartet haben.

Sie denken an Ihren geplanten Urlaub.

Sie gehen Ihrem Lieblingssport bzw. Ihrem Hobby nach.

Sie erhalten Anerkennung für die hervorragenden Leistungen, die Sie an Ihrem Arbeitsplatz oder in der Ausbildung erzielt haben.

Sie gewinnen im Lotto.

Sie erhalten Geschenke.

Sie gehen hinaus in die Natur.

Sie hören Ihre Lieblingsmusik.

Sie sind Gast in der Show Ihres Lieblingskünstlers bzw. Ihrer Lieblingskünstlerin.

Es ist eine freudige Erfahrung, unseren Lieblingsaktivitäten nachzugehen, wenn wir mit unserem inneren Kind verbunden sind; gehen wir ihnen nach, wenn wir von unserem inneren Kind getrennt sind, kann uns das wieder zu einer Verbindung führen. Wenn wir jedoch von unserem Wesenskern getrennt bleiben, kann nichts uns Freude bringen.

Hatten Sie jemals dieses wundervolle Gefühl, einfach nur zu sein? Vielleicht während Sie etwas so Profanes taten wie Geschirr spülen? Ob Sie es glauben oder nicht, wir können *uns am besten fühlen*, während wir »sind«, anstatt zu »tun«. Wann immer unser Erwachsener wirklich liebevoll ist und in Verbindung mit unserem inneren Kind und unserer Höheren Macht steht, können wir Freude erfahren, *gleichgültig, was wir tun oder nicht tun.* Es ist nicht die Aktivität selbst, die unsere Freude verursacht, sondern vielmehr die Verbindung mit unserem Selbst und unserer Höheren Macht. Diese Verbindung bringt uns den Frieden und die Freude, die unser Geburtsrecht sind.

6

Die Adoptionsentscheidung:

Entscheiden Sie sich für die Absicht zu lernen

Stellen Sie sich vor, Sie öffnen eines Morgens Ihre Tür und finden auf Ihrer Schwelle ein kleines Kind, ein Kind, das genauso aussieht, wie Sie als Kind aussahen. Am Hemd des Kindes ist ein Notizzettel befestigt: »Bitte adoptiere mich. Ich gehöre dir.« Sie sehen dem Kind in die Augen und sehen Schmerz, Angst, Traurigkeit oder Wut. Dieses Kind wurde schon so oft verlassen und braucht jetzt Liebe, Ihre Liebe, um sich liebenswert und wertvoll zu fühlen.

Was werden Sie tun? Werden Sie das Kind abweisen, ihm sagen, es solle an anderer Stelle die Liebe und Bestätigung suchen, die es braucht? Werden Sie ihm sagen, daß Sie nicht wissen, wie Sie es lieben sollen, daß jemand anders das viel besser könnte als Sie? Oder werden Sie diese Aufgabe akzeptieren und lernen, wie Sie diesem Kind ein liebevoller Erwachsener sein können, wie Sie seine Wunden der Kindheit heilen und seine derzeitigen Bedürfnisse erfüllen?

Dieses Kind ist Ihr inneres Kind, Ihr Wesenskern. Seine zahlreichen Wunden aus der Kindheit können nur durch Ihre Liebe geheilt werden. Sie haben dieses Kind möglicherweise an Verwandte, Ehepartner, Liebhaber, Freunde, Therapeuten, Kollegen, Vorgesetzte oder sogar an Ihre eigenen Kinder weitergereicht in der Hoffnung, sie würden durch ihre Liebe die Wunden des Kindes heilen. Aber das hat nicht funktioniert; die Wunden der Kindheit sind immer noch da und verfolgen Sie in allen Ihren Beziehungen – oder halten Sie davon ab, Beziehungen einzugehen.

Da Sie dieses Arbeitsbuch lesen, gehen wir davon aus, daß Sie sich bereits für die Aufgabe, Ihr inneres Kind zu lieben, entschieden haben. Es kann jedoch sein, daß Ihr Kind diese Verpflichtung konkret hören muß. Sie können daher Ihr inneres Kind adoptieren, indem Sie laut ein förmliches Gelöbnis aussprechen.

Der erste Schritt bei der Adoption Ihres inneren Kindes besteht darin, in einen Spielwarenladen oder in eine Reihe von Spielwarengeschäften zu gehen und sich eine Puppe – oder einen Teddybären oder ein anderes Stofftier –, die Ihr inneres Kind repräsentiert, auszusuchen. Es ist sehr hilfreich, diese Puppe bzw. diesen Bären zu halten, wenn Sie laut mit Ihrem inneren Kind sprechen. Sie können an dieser Stelle im Adoptionsprozeß auf Widerstand stoßen. Sie denken möglicherweise, es sei peinlich oder dumm, mit einer Puppe bzw. einem Teddybären zu sprechen oder sich gar so etwas zu kaufen, also schieben Sie den Gang zum Spielwarenladen auf. Es braucht seine Zeit, um die Befangenheit, mit einer Puppe oder einem Teddybären zu sprechen, zu lösen, aber nach einer gewissen Zeit wird Ihnen das ganz natürlich vorkommen.

Dies stellt einen wichtigen Schritt bei der Adoption Ihres inneren Kindes dar. Ihre Puppe bzw. Ihr Bär ist ein wesentlicher Teil des Dialogverfahrens, das wir im nächsten Kapitel beschreiben. Puppe und Stofftiere sind auch unentbehrliche Werkzeuge, um zu lernen, sich selbst zu trösten. Sie können tatsächlich lernen, sich selbst zu halten und zu trösten, indem Sie Ihre Puppe bzw. Ihren Bären halten und trösten.

Der nächste Schritt in der Adoption Ihres inneren Kindes besteht darin, laut die folgenden Worte zu Ihrem Kind zu sagen und dabei Ihrer Puppe bzw. Ihrem Bären direkt in die Augen zu sehen:

Liebe(r), kleine(r) ______________________ (Name Ihres Kindes),

ich, ______________________ (Ihr Name),

nehme dich an Kindes statt an. Ich verpflichte mich, die Verantwortung für deine Gefühle des Schmerzes zu übernehmen und zu lernen, wie ich dir Freude bereiten kann. Ich verpflichte mich, deine Wunden der Vergangenheit zu heilen und zu lernen, wie ich dich wissen lassen kann, daß du liebenswert und wertvoll bist. Du bist meine Verantwortung, jetzt und für immer.

Die Absicht zu lernen

Wir sind der liebevolle Erwachsene, wenn wir die Absicht verfolgen, mit unserem inneren Kind und unserer Höheren Macht zu lernen. Wenn Sie Ihrer Verpflichtung, Ihr inneres Kind zu lieben und zu heilen, treu bleiben wollen, müssen Sie in der Lage sein, sich für die Absicht zu lernen zu entscheiden. Ohne die Absicht zu lernen können Sie weder in einen Dialog mit Ihrem Kind eintreten, um Ihre Wünsche, Bedürfnisse, Schmerzen und falschen Glaubensmuster kennenzulernen, noch können Sie in einen Dialog mit Ihrer Höheren Macht eintreten, um die Wahrheit zu erkennen und liebevolles Verhalten zu lernen.

Zwei Bedingungen sind für die Absicht zu lernen notwendig. Zuerst müssen Sie glauben, daß Sie gute Gründe haben, sich so zu fühlen und zu verhalten, wie Sie es tun, und daß diese Gründe Ihre Ängste und falschen Glaubensmuster sind und aus den Wunden stammen, die Sie in Ihrer Kindheit erlitten. Sie können nicht lernen, wenn Sie Ihre Gefühle und Ihr Verhalten verurteilen und sich dafür die Schuld geben.

Zweitens müssen Sie offen dafür sein, Ihren Schmerz zu erfahren. In dem Augenblick, da Sie nicht bereit sind, Ihren Schmerz zu spüren, werden Sie sofort in die Absicht zu schützen hineingleiten. Sie müssen eventuell einigen der falschen Glaubensmuster in bezug auf den Schmerz gegenübertreten, wie wir dies in Kapitel 10 tun werden, um für die Erfahrung des Schmerzes bereit zu sein.

Manchmal hängt die Offenheit zu lernen nur davon ab, sich für diese Offenheit auch zu entscheiden, aber häufig ist unsere Angst, unser Schmerz oder unsere Wut so intensiv, daß wir keine Möglichkeit sehen, das Lernen wählen zu können. Wenn dies der Fall ist, brauchen wir eine Brücke, die uns von der Absicht zu schützen (das erwachsene Kind) zu der Absicht zu lernen (der liebevolle Erwachsene) führt.

Sie werden erst dann wissen, welche Brücke für Sie geeignet ist, wenn Sie sie ausprobieren. Es folgt eine Liste von Aktivitäten. Erproben Sie sie, wenn Sie sich in Ihren Schutzmechanismen gefangen fühlen:

- Hören Sie Ihre Lieblingsmusik.
- Zeichnen oder malen Sie, oder spielen Sie ein Instrument.
- Spielen Sie mit Ihrem Haustier.
- Machen Sie einen Spaziergang.
- Halten Sie sich in der Natur auf.
- Treiben Sie Sport.
- Tanzen Sie.
- Lesen Sie etwas, was Ihrem Kind Spaß macht.
- Beten Sie.
- Meditieren Sie.
- Zünden Sie während der Meditation Kerzen und eine Duftlampe an.
- Lesen Sie spirituelle Literatur – die Bibel, *Ein Kurs in Wundern* oder ein anderes spirituelles Buch, das Ihnen Freude bereitet.
- Atmen Sie in Ihr Herz, und visualisieren Sie, wie Licht in Ihren Körper eintritt (siehe auch »Übung, um die Wahrheit zu lernen« in Kapitel 4).
- Nehmen Sie an einer Selbsterfahrungsgruppe teil.
- Schreiben Sie Ihre Angst, Ihren Schmerz oder Ihre Wut auf.
- Weinen Sie, und halten Sie Ihre Puppe bzw. Ihren Bären im Arm.

- Hören Sie eine Kassette mit Entspannungsübungen oder geführten Visualisierungen.
- Sprechen Sie mit einer Freundin oder einem Freund über Ihre Gefühle.
- Suchen Sie eine Therapeutin oder einen Therapeuten auf.
- Beginnen Sie eine Bachblütenkur. Die geeigneten Essenzen können beim Entfalten Ihres liebevollen Erwachsenen unschätzbare Dienste leisten.
- Machen Sie eine Reinigungsdiät. Substanzen wie Zucker, Nikotin, Alkohol, Koffein und Drogen können Sie von Ihrem liebevollen Erwachsenen abtrennen. Das vermögen auch Nahrungsmittel, auf die Sie allergisch reagieren.
- Lassen Sie Ihre Wut auf angemessene Weise heraus (siehe die nachfolgende Übung).

Übung zur Freisetzung von Wut

1. Sehen Sie Ihre Puppe bzw. Ihren Bären an, und geben Sie Ihrem inneren Kind die Erlaubnis, seine Wut herauszulassen. Sagen Sie Ihrem Kind, daß Sie es auch weiterhin lieben werden, gleichgültig, was es in dieser Übung sagt oder tut.

2. Drehen Sie Ihre Puppe bzw. Ihren Bären jetzt herum, und drücken Sie sie bzw. ihn auf Ihren Bauch. *Visualisieren Sie,* wie einer der folgenden Menschen vor Ihnen sitzt:
   - jemand, auf den Sie im Augenblick wütend sind
   - Ihre Mutter
   - Ihr Vater
   - Ihre Großmutter, Ihr Großvater oder ein anderer Verwandter
   - eine Betreuungsperson aus Ihrer Vergangenheit

3. Lassen Sie zu, sich selbst klein zu fühlen, werden Sie zum inneren Kind.

4. Erlauben Sie sich, zu brüllen, zu schreien, zu toben, Schimpfwörter auszustoßen, mit den Fäusten gegen ein Bett zu hämmern, mit einem Tennisschläger, einem Kissen oder einem zusammengerollten Handtuch auf ein Bett oder ein Sofa einzuschlagen. Lassen Sie die Wut auf den Menschen, den Sie visualisiert haben, so lange heraus, bis keine Wut mehr übrig ist.

5. Häufig ist es hilfreich, mit jemandem zu beginnen, auf den Sie im Augenblick wütend sind – Ihr Ehepartner, Ihr Geliebter, Ihr Chef, Ihr Kollege, Ihr Geschäftspartner, Ihr Freund, Ihre Kinder –, und sich dann der Vergangenheit und Ihrer Wut auf Ihre Eltern oder andere Betreuungspersonen zuzuwenden. Momentaner Ärger über andere ist im allgemeinen eine Projektion der früheren Wut auf Eltern oder andere Betreuungspersonen. *Nur wenn beide Beteiligte zustimmen, ist es erlaubt, Ihre Wut auf einen anderen Menschen in dessen Gegenwart herauszulassen. Das persönliche Ausleben der Wut besteht im allgemeinen aus Schuldzuweisungen und Manipulationen und ist daher schmerzlich für Sie, den anderen und die Beziehung.*

6. Wenn Sie Ihre momentane und Ihre frühere Wut herausgelassen haben, visualisieren Sie Ihr erwachsenes Kind, und gestatten Sie sich als Kind, Ihr erwachsenes Kind anzubrüllen. Teilen Sie Ihrem erwachsenen Kind in allen Einzelheiten mit, wie er oder sie sich nicht um sie kümmerte, sie nicht liebte, sie durch Schuldzuweisungen oder Kritik mißbrauchte oder Ihre Wünsche, Bedürfnisse und Gefühle ignorierte. Sagen Sie Ihrem erwachsenen Kind, wie sehr er oder sie Ihren Eltern oder anderen Betreuungspersonen ähnelt. Versuchen Sie gleichzeitig, diesen Vorgang mit der Energie Ihres liebevollen Erwachsenen zu beobachten.

7. Drehen Sie Ihre Puppe bzw. Ihren Bären wieder um, und zeigen Sie, daß Sie die Wut Ihres Kindes auf Sie gehört und verstanden haben. Versichern Sie Ihrem Kind, daß Sie es immer noch lieben.

Wenn wir unsere Wut auf diese Weise herauslassen, öffnet sich häufig unser Herz und ermöglicht uns so die Absicht zu lernen. Sobald Sie einmal offen sind, können Sie mit dem Dialogverfahren beginnen, das im nächsten Kapitel beschrieben wird.

Wenn wir unsere Wut auf diese Weise herauslassen, öffnen wir uns auch unserem Schmerz und können die falschen Glaubensmuster, die unserem Schmerz zugrunde liegen, erkennen. Wenn das Herauslassen Ihrer Wut Sie für Ihren Schmerz öffnet, gestatten Sie es sich, eine Zeitlang zu weinen und Ihre Puppe bzw. Ihren Bären so im Arm zu halten, wie Sie ein weinendes Kind halten würden. Wenn Sie weinen, visualisieren Sie sich als liebevollen Erwachsenen, der Ihr Kind mit liebevoller Energie umgibt. Lassen Sie Ihr Kind wissen, daß es in seinem Schmerz nicht allein ist – Sie als liebevoller Erwachsener sind hier, umgeben von der Liebe Ihrer Höheren Macht. Weinen Sie so lange, wie es für Sie notwendig ist, und gehen Sie dann zu dem Dialogverfahren über (siehe Kapitel 7).

Werden Sie zu dem Elternteil, das Sie sich immer schon wünschten

Sie haben Ihr inneres Kind adoptiert und sich verpflichtet, ein liebevoller Erwachsener zu werden. Was bedeutet das? Wie sieht das aus? Wie können Sie sich einen liebevollen Erwachsenen vorstellen, wenn Sie einen solchen vielleicht niemals erlebt haben?

Das Verständnis dessen, was es bedeutet, ein liebevoller Erwachsener zu sein, ist ein ständiger, kreativer Prozeß. Wenn neue Situationen in unserem Leben entstehen, sind wir herausgefordert, mit Hilfe unserer Höheren Macht zu entdecken, wie liebevolles Verhalten in diesen Situationen aussieht. Doch in jenem Augenblick, in jener Minute, können Sie mit Hilfe Ihres inneren Kindes eine Vorstellung dessen formen, was Ihr inneres Kind braucht, um sich geliebt zu fühlen.

Wir alle tragen in uns das Verlangen, auf eine bestimmte Weise geliebt zu werden, und wir haben Wünsche in bezug auf unsere Kindheit – wie wir uns die Liebe unserer Mutter und unseres Vaters gewünscht hätten. Wie hätte sich Ihre Mutter in Ihrem Beisein verhalten sollen? Schreiben Sie einen Brief an Ihre Mutter, die Sie geboren hat, selbst wenn Ihre Mutter starb oder Sie zur Adoption freigab, selbst wenn sie Sie in ein Pflegeheim gab oder Sie bei Ihrem Vater ließ oder Sie auf andere Weise verlassen hat. Wenn Sie adoptiert sind, schreiben Sie einen weiteren Brief an Ihre Adoptivmutter. Teilen Sie Ihrer Mutter mit, wie sie Sie als Kind Ihrer Meinung nach hätte behandeln sollen.

Schreiben Sie jetzt einen Brief an Ihren Vater – auch wenn er gestorben ist oder Sie verlassen hat – und an Ihren Adoptivvater, wenn Sie adoptiert wurden. Teilen Sie ihm mit, wie er Sie Ihrer Meinung nach hätte behandeln sollen.

Schreiben Sie einen Brief an Ihren Ehepartner bzw. zukünftigen Ehepartner. Teilen Sie ihm mit, wie Sie von ihm geliebt werden wollen.

Erteilen Sie Ihrem Kind jetzt die Erlaubnis, Ihnen zu sagen, wie es von Ihnen geliebt werden will. Schreiben Sie einen Brief, von Ihrem Kind an Ihren Erwachsenen, und teilen Sie Ihrem Erwachsenen mit, wie Sie von ihm geliebt werden wollen.

Als Erwachsener ist es Ihre Aufgabe, Ihrem inneren Kind sowohl Mutter als auch Vater zu sein und Ihrem Kind zudem all das zu geben, was es sich von seinem Ehepartner wünscht. Ihr mütterlicher Teil muß Ihrem Kind zuhören, die falschen Glaubensmuster erkennen und Trost und Unterstützung vermitteln; Ihr väterlicher Teil muß in der Welt für Ihr inneres Kind liebevoll handeln. Gleichgültig, ob Sie ein Mann oder eine Frau sind, Sie müssen lernen, Ihrem inneren Kind sowohl Mutter als auch Vater zu sein.

Ihr Kind hat Ihnen gesagt, was es von Ihnen will. Wie wir schon an früherer Stelle erwähnten, ist es ein fortwährender Lernprozeß, Verantwortung zu übernehmen und die Bedürfnisse und Wünsche Ihres Kindes zu erfüllen.

7

Dialog mit Ihrem inneren Kind

Der Dialog mit Ihrem inneren Kind ist eine Fertigkeit, die zwar erlernt werden kann, aber viel Übung braucht. Es ist wie bei allen Fertigkeiten: Je mehr Sie üben, desto besser werden Sie darin. Wir empfehlen während des ersten Inner-Bonding-Jahres täglich jeweils einen 15minütigen Dialog am Morgen und am Abend. Irgendwann wird das zum natürlichen Bestandteil Ihres Lebens, etwas, was Sie ständig tun; anfangs benötigen Sie dafür jedoch Ausdauer und Engagement.

Wir empfehlen einen Dialog am Morgen, um alle Träume, über die Ihr Kind sprechen möchte, zu erforschen, um herauszufinden, welchen Dingen Sie nach Ansicht Ihres Kindes an diesem Tag besondere Aufmerksamkeit widmen sollten und um Ihrem Kind Liebe und Rückhalt zu geben. Den Dialog am Abend können Sie dazu nutzen, um herauszufinden, wie Sie an diesem Tag in Ihrer elterlichen Verantwortung abgeschnitten haben – ob es Dinge gibt, die Sie verpaßt haben, oder Dinge, die Ihr Kind für besonders wertvoll erachtete. Es ist wiederum Zeit, Ihrem Kind Liebe und Bestätigung zu schenken.

Der Dialog ist besonders wichtig in Zeiten, in denen Sie Verunsicherung erleben – immer dann, wenn Sie sich erschreckt, ängstlich, verletzt, traurig, wütend oder enttäuscht fühlen. Ihr Kind wird sich geliebt und unterstützt fühlen, wenn Sie sich selbst erlauben, sich Ihrer Gefühle der Verunsicherung bewußt zu werden, und sich ihnen baldmöglichst widmen. Wenn Ihr Magen beispielsweise bei der Arbeit brennt, können Sie sich auf die Toilette begeben und herausfinden, was Ihr Kind fühlt und wie Sie sich am besten um Ihr Kind kümmern können. Mit etwas Übung werden Sie lernen, in einen schnellen, spontanen Dialog mit Ihrem inneren Kind einzutreten und das Problem offenzulegen, sich für ein liebevolles Verhalten zu entscheiden und sich dann zu Ihrem eigenen Besten auch liebevoll zu verhalten. Je öfter Sie dies tun, desto mehr fühlt sich Ihr Kind geliebt und geschätzt und desto größer wird auch Ihr Selbstwertgefühl.

Dialog mit Ihrem inneren Kind und Ihrem erwachsenen Kind

Zu Anfang müssen Sie den Dialog laut aussprechen oder ihn aufschreiben. Wenn Sie versuchen, ihn nur in Ihrem Kopf stattfinden zu lassen, wird sich das alte lieblose Verhaltensmuster Ihres erwachsenen Kindes einschleichen, bevor Sie es überhaupt bemerken. Ein laut ausgesprochener Dialog bzw. ein Dialog in Schriftform erlaubt es Ihnen, zu hören oder zu sehen, ob Sie sich Ihrem inneren Kind gegenüber wirklich liebevoll verhalten. Schließlich werden Sie mit genügend Übung in der Lage sein, diesen Dialog auch erfolgreich nur in Gedanken auszuführen.

Ob Sie den Dialog laut oder in Schriftform durchführen, es ist immer hilfreich, Ihre Puppe bzw. Ihren Bären bei sich zu haben. Darüber hinaus können Sie Photos von sich selbst als Kind und als Erwachsener für Ihren Dialog verwenden.

Dialog in Schriftform

Bevor Sie mit dem Dialog beginnen, sollten Sie sowohl die Anweisungen für die Schriftform als auch für die gesprochene Form lesen. Beginnen Sie damit, Ihrem Kind eine Frage von Ihrem liebevollen Erwachsenen zu stellen – dem Erwachsenen, der die Absicht hegt zu lernen. Ihr Herz ist offen, Sie sind wahrhaft neugierig in bezug auf die Gefühle Ihres Kindes, Sie sind überzeugt, Ihr Kind habe gute Gründe für seine Gefühle, und Sie sind offen für den Schmerz, der kommen könnte. Ihre Energie bildet einen Kreis zwischen Ihrem Kopf, Ihrem Herzen und Ihrer Höheren Macht. Ihr Erwachsener, Ihr Verstand, existiert in Ihrem Kopf und verbindet Ihr Kind durch das Mitgefühl mit Ihrem Herzen und bringt Liebe und Wahrheit von Ihrer Höheren Macht herein. Schreiben Sie die Frage mit Ihrer dominanten Hand, während Sie auf Ihre Puppe bzw. Ihren Bären schauen. Wenn Sie Ihren Dialog während der Arbeit führen, können Sie ein Photo verwenden, doch zu Hause ist die Puppe bzw. der Bär zu bevorzugen.

Nehmen Sie dann Ihr Photo oder Ihr Stofftier in die Hand, drehen Sie es um, mit dem Gesicht nach außen, und drücken Sie es an sich. Gestatten Sie sich das Gefühl, klein zu sein, richten Sie Ihre Aufmerksamkeit auf Ihren Körper, insbesondere auf Ihren Bauch, in dem Ihr Kind lebt, und beantworten Sie die Frage mit Ihrer nichtdominanten Hand.

Werden Sie wieder zu Ihrem Erwachsenen, und erkennen Sie die Empfindungen einfühlsam an, damit Ihr Kind weiß, daß Sie es verstehen. Versichern Sie Ihrem Kind, daß Sie es weiterhin lieben werden, gleichgültig, was es sagt. Stellen Sie daraufhin eine weitere Frage, und versuchen Sie, die Glaubensmuster hinter den Gefühlen zu entdecken und die Erfahrungen der Vergangenheit hinter den Glaubensmustern. Tun Sie dies so lange, bis Sie ein tiefes Verständnis für die Gefühle Ihres Kindes und die Glaubensmuster Ihres erwachsenen Kindes entwickelt haben.

Wenn Wut hochkommt, lassen Sie Ihr Kind diese Wut durch schreien, brüllen oder durch einschlagen auf ein Bett oder einen Stuhl austoben. Wenn Schmerz hochkommt, lassen Sie Ihr Kind die Verluste der Vergangenheit betrauern, während es die Puppe bzw. den Bären im Arm hält. Wenn der Schmerz und die Trauer nachlassen, sagen Sie Ihrem Kind die Wahrheit über die falschen Glaubensmuster, und entscheiden Sie sich für liebevolles Verhalten. Wenn Sie in bezug auf die Wahrheit oder liebevolles Verhalten feststecken, treten Sie in einen Dialog mit Ihrer Höheren Macht ein.

Laut ausgesprochener Dialog

Halten Sie Ihre Puppe bzw. Ihren Bären wie ein Kind im Arm, schauen Sie sie bzw. ihn an, und stellen Sie laut eine Frage Ihres liebevollen Erwachsenen. Drehen Sie dann die Puppe bzw. den Bären um, mit dem Gesicht nach außen, und drücken Sie sie bzw. ihn gegen Ihren Brustkorb. Wie bei dem Dialog in Schriftform konzentrieren Sie Ihre Aufmerksamkeit auf Ihren Körper. Gestatten Sie sich das Gefühl, klein zu sein und aus Ihrem Kind heraus zu sprechen, also die Frage aus Ihrem Gefühlsbereich im Innern zu beantworten.

Visualisieren Sie sowohl bei dem Dialog in Schriftform als auch bei dem laut ausgesprochenen Dialog sich selbst, wie Sie sich selbst als Erwachsenem gegenübersitzen, umgeben von Ihrer liebevollen Energie. Diese Visualisierung ist ganz besonders wichtig, wenn Sie Schmerzen haben, damit Sie sich mit diesem Schmerz nicht alleingelassen fühlen. Damals, als kleine Kinder, waren wir so oft allein mit unserem Schmerz. Jetzt, als liebevolle Erwachsene, können wir diese Einsamkeit vertreiben, indem wir während des Dialogs bei unserem inneren Kind bleiben. Wenn wir wirklich die Absicht verfolgen zu lernen, können wir uns mit der liebevollen und nährenden Energie aus unserem Herzen umgeben und es uns erlauben, aus dem Kind in uns zu sprechen oder zu weinen.

Für den laut ausgesprochenen Dialog – während Sie beispielsweise im Auto fahren, Sport treiben oder spazierengehen, benötigen Sie nicht unbedingt Ihre Puppe bzw. Ihren Bären. Manche Menschen finden leichter Zugang zu Ihren Gefühlen, wenn Sie sich in Bewegung befinden. Jeder Mensch muß für sich selbst herausfinden, was für ihn am besten funktioniert.

Dialogfragen

Die Fragen, die Sie Ihrem Kind und dem erwachsenen Kind beim Dialog stellen, sind situationsbedingt. Es gibt drei grundlegende Lebenslagen, die es in Betracht zu ziehen gilt:

1. Inner Bonding für unseren Alltag,
2. Inner Bonding im Konflikt mit anderen oder bei schmerzlichen bzw. beängstigenden Lebensphasen und
3. Inner Bonding in bezug auf Erinnerungen und Glaubensmuster.

Fragen für den täglichen Dialog mit Ihrem inneren Kind

Sich die Zeit zu nehmen und sich einzustimmen in das, was Sie in alltäglichen Situationen wirklich wollen, hilft nicht nur, aus dem Inner Bonding eine Gewohnheit zu machen, sondern ermöglicht es Ihnen auch, Ihre Zeit auf befriedigendere Weise zu verbringen. Wenn Sie in einen kleineren Konflikt geraten – Ihr Kind will beispielsweise Schokolade und Ihr Erwachsener will gesunde Nahrung –, können Sie eine Lösung aushandeln, die beide Seiten befriedigt.

Die folgenden Fragen können Ihnen helfen, Ihre Wünsche spontan zu erkennen:

- »Was möchtest du in diesem Augenblick?«
- »Was möchtest du jetzt essen?«
- »Nach welcher Farbe ist dir gerade? Was möchtest du anziehen?«
- »Wie möchtest du den heutigen Tag verbringen?«
- »Was für eine Art Musik möchtest du jetzt hören?«
- »Wohin möchtest du in den Ferien fahren?«
- »Welche sportliche Betätigung gefällt dir?«
- »Bist du mit unserer Arbeit glücklich oder nicht?«

- »Bist du mit unseren Beziehungen – Ehepartner, Freunde – glücklich oder nicht?«
- »Welcher kreative Zeitvertreib oder welches Hobby würde dir wirklich gefallen?«
- »Was wolltest du schon immer tun, hast es aber nie getan? Habe ich dich davon abgehalten?«

Natürlich hilft Ihnen die reine Information gar nichts. Sie müssen danach handeln. In Kapitel 9 werden wir das genaue Vorgehen noch besprechen.

Wir stellen diese Fragen nicht, um unser inneres Kind zu verwöhnen und dem Kind automatisch alles zu geben, was es will. Ein liebevolles Elternteil würde das mit einem wirklichen Kind auch nicht tun. Aber wenn wir herausfinden, was unser Kind und was unser Erwachsener will, können wir nach Möglichkeiten suchen, beide Aspekte unserer Persönlichkeit zu befriedigen.

Fragen für den Dialog mit Ihrem inneren Kind in Konflikten mit anderen oder in schmerzlichen Lebensphasen

Ein Großteil des Schmerzes in unserem Leben tritt im Zusammensein mit anderen Menschen auf. Diese Beziehungen stellen unsere größte Herausforderung dar, wenn es darum geht, daß wir uns uns selbst gegenüber liebevoll verhalten.

Wir werden zudem durch schmerzliche oder beängstigende Lebensphasen gefordert: Krankheit, Verlust eines geliebten Menschen, Scheitern der Ehe, Verlust des Arbeitsplatzes usw. Sobald Sie Ihre leidvollen Gefühle erkannt und sich für die Absicht zu lernen entschieden haben, können Sie den Dialog mit einer der folgenden Fragen einleiten:

- »Was fühlst du gerade?«
- »Ich weiß, du bist wütend, und ich möchte gern hören warum.«
- »Bist du wütend auf mich? Es ist in Ordnung, wenn du mich anschreist.«
- »Es ist wirklich in Ordnung, wenn du dich wütend fühlst, auch wenn du auf mich wütend bist. Ich werde nicht aufhören, dich zu lieben, gleichgültig, wie wütend du auch bist.«
- »Schämst du dich gerade? Was ist denn geschehen, weswegen du dich schämst? Wie kann ich helfen? Schämst du dich meinetwegen?«
- »Es ist in Ordnung zu weinen. Du kannst so lange weinen, wie du willst. Du bist nicht allein; ich bin für dich da.«

- »Ich weiß, du fühlst dich ängstlich (erschreckt, verletzt, sorgenvoll, niedergeschlagen usw.). Kannst du mir sagen, warum du dich so fühlst? Ich werde dich mit diesen Gefühlen nicht allein lassen.«
- »Wie fühlst du dich in bezug auf ____________________?« (Name des Menschen einsetzen, mit dem Sie sich im Konflikt befinden bzw. ein Stichwort zu der kritischen Lebensphase.)
- »Habe ich dich auf irgendeine Weise mit diesem Menschen bzw. dieser Situation im Stich gelassen?«
- »Wie soll ich mich jetzt um dich kümmern?«
- »Wie soll ich mich deiner Meinung nach anders verhalten in bezug auf ____________________?« (Person bzw. Situation nennen.)
- »Ich sehe, daß deine Gefühle zu übermächtig sind, als daß ich sie allein in den Griff bekommen könnte. Du kannst sicher sein, daß ich die Hilfe holen werde, die wir brauchen.«

Wann immer Sie sich im Laufe eines Tages unbehaglich fühlen – angespannt, ängstlich, wütend, erstarrt, verletzt oder traurig –, können Sie Ihrem inneren Kind Fragen wie diese stellen:

- »Was hat diese Gefühle verursacht? Beunruhigen dich meine Gedanken?«
- »Wie kann ich dir bei diesen Gefühlen helfen?«
- »Was brauchst du von mir?«
- »Habe ich dich auf irgendeine Weise im Stich gelassen oder mich nicht richtig um dich gekümmert? Wenn ja, wie?«
- »Habe ich dich ignoriert? Dich nicht berücksichtigt? Dich kontrolliert? Dich beschämt?«

Wenn Ihr Kind die Antworten nicht weiß, besteht der nächste Schritt darin, in einen Dialog mit Ihrer Höheren Macht zu treten. Es kann auch nötig sein, die Hilfe eines Freundes oder eines Therapeuten in Anspruch zu nehmen.

Es ist wichtig, sich im Laufe des Tages Zeit zu nehmen und Ihrem inneren Kind Bestätigung zu geben, wie es ein liebevolles Elternteil bei einem wirklichen Kind auch tut. Sie können Ihrem Kind Rückhalt vermitteln durch Bemerkungen wie:

- »Ich bin für dich da. Ich gehe nicht weg. Du bist mir sehr wichtig.«
- »Du bist nicht allein. Ich bin bei dir.«
- »Ich liebe dich. Dein Glück bedeutet mir viel.«
- »Du bist so klug. Danke für all diese wunderbare Weisheit.«
- »Deine Kreativität verblüfft mich.«

- »Fehler zu machen ist in Ordnung. Du bist liebenswert, auch wenn du einen Fehler begehst. Du mußt nicht vollkommen sein, damit ich dich liebe und bei dir bleibe.«
- »Du mußt es nicht ›richtig‹ machen. Ich werde dich immer lieben, gleichgültig, was du sagst, auch wenn du überhaupt nichts sagst.«

Fragen für den Dialog mit Erinnerungen und Glaubensmustern

Manchmal rufen aktuelle Konflikte oder erschreckende Lebensereignisse schmerzliche Gefühle oder Erinnerungen aus der Vergangenheit wach. Wenn dies geschieht, können Sie die nachfolgenden Fragen in den Dialog mit Ihrem inneren Kind einbauen:

- »Geschieht gerade etwas, was dich an ein Ereignis aus deiner Kindheit erinnert?«
- »Erinnert dich dieser Mensch (mit dem Sie sich im Konflikt befinden) an deine Mutter, deinen Vater, deinen Bruder oder deine Schwester, an deinen Großvater oder deine Großmutter?«
- »Erinnert dich diese Situation an ein traumatisches Erlebnis, das du als Kind hattest?«
- »Ich möchte wirklich alles wissen, an das du dich aus der Vergangenheit erinnerst. Deine Erinnerungen sind mir sehr wichtig, und ich möchte dir helfen, deine Ängste oder deine Scham zu heilen.«
- »Möchtest du, daß ich jemanden hole, der uns hierbei hilft? Möchtest du, daß ich dich im Arm halte, während du diesen Schmerz durchlebst?«

Wenn Ihr Kind im Arm gehalten werden will und es niemanden gibt, der Sie in den Arm nehmen kann, dann umarmen Sie Ihre Puppe bzw. Ihren Bären, als ob sie oder er Ihr eigenes inneres Kind wäre. Das kann überraschenderweise sehr tröstlich sein und ist auch einer der Hauptgründe, warum man mit einer Puppe bzw. einem Bären arbeiten sollte.

Fragen zur Erforschung falscher Glaubensmuster

Wenn Gefühle der Furcht oder Scham auftauchen, können Sie die ihnen zugrundeliegenden Glaubensmuster erforschen, die Glaubensmuster Ihres erwachsenen Kindes. Gehen Sie noch einmal zurück zu den Listen in den Kapiteln 3, 4 und 5; das wird Ihnen helfen, Ihre Glaubensmuster zu erkennen.

- »Was glaube ich in bezug auf meine Zulänglichkeit und Liebenswürdigkeit? Glaube ich, daß ich unzulänglich oder schlecht bin?«
- »Was glaube ich in bezug auf meine Fähigkeit, mit Schmerz fertig zu werden, andere zu kontrollieren, für andere verantwortlich zu sein? Was glaube ich in bezug auf die Verantwortung anderer für mich? Wie sehen meine Glaubensmuster hinsichtlich meines Widerstands aus? Was glaube ich in bezug auf mein Recht, mich selbst glücklich zu machen?«
- »Woher kommen diese Glaubensmuster? Welche Kindheitserfahrungen haben diese Glaubensmuster verursacht?«
- »Was gewinne ich, wenn ich mich so verhalte, als ob diese Glaubensmuster der Wahrheit entsprechen? Wovor fürchte ich mich? Was würde geschehen, wenn ich diese Dinge über mich nicht länger glauben würde?«

Erinnerungen können Glaubensmuster wachrufen, und Glaubensmuster können Erinnerungen auslösen. Wenn Sie durch den Inner-Bonding-Prozeß mehr über Erinnerungen und Glaubensmuster lernen, können schmerzliche Konflikte und Ereignisse der Gegenwart zu heilenden Erfahrungen werden. Das oberste Ziel des Inner Bonding, ein liebevoller Erwachsener für die Angst und Scham Ihres inneren Kindes zu sein, erfordert sowohl die innere Stärke, die Ihnen hilft, die Schwierigkeiten des Lebens in den Griff zu bekommen, als auch die persönliche Kraft, die notwendig ist, um gesunde Entscheidungen zu treffen.

Schriftlicher Dialog mit Ihrem inneren Kind

➢ Nehmen Sie Ihre Puppe bzw. Ihren Bären in den Arm, schauen Sie der Puppe bzw. dem Bären in die Augen, und wählen Sie jetzt die Absicht zu lernen.

➢ Erwachsener (spricht zu Ihrem inneren Kind): »Was fühlst du gerade?«

➢ Kind (dreht die Puppe bzw. den Bären herum und erlaubt Ihnen das Gefühl, klein zu sein, beantwortet die Frage mit Ihrer nichtdominanten Hand):

➢ Erwachsener (dreht die Puppe bzw. den Bären herum und hält sie bzw. ihn wie ein Kind. Reagiert einfühlsam, erkennt die Gefühle Ihres Kindes mit Verständnis an. Bestätigt Ihre Liebe und stellt auf der Basis der Antwort Ihres Kindes eine weitere Frage):

➢ Kind (dreht die Puppe bzw. den Bären herum, wird wieder klein und antwortet aus Ihrem Bauch heraus):

➢ Erwachsener:

➢ Kind:

Fahren Sie mit dem Dialog so lange fort, wie Sie wollen, entweder auf einem getrennten Blatt Papier oder in einem Tagebuch, das Sie ausschließlich zu diesem Zweck führen. Fahren Sie fort, die Gefühle, die an die Oberfläche dringen, zu erforschen, ebenso wie die Glaubensmuster hinter diesen Gefühlen. Wenn Wut oder Schmerz hochkommt, gestatten Sie Ihrem Kind, diese Gefühle auszudrücken. Wenn Sie Beispiele aus erster Hand zum Ablauf des Inner-Bonding-Prozesses suchen, lesen Sie unser Buch *Aussöhnung mit dem inneren Kind*.

Nachdem Sie die Gefühle und falschen Glaubensmuster erforscht und Ihrem Kind gestattet haben, Wut und Trauer herauszulassen, besteht der nächste Schritt darin, Ihrem erwachsenen Kind die Wahrheit über die falschen Glaubensmuster mitzuteilen und sich für liebevolles Verhalten zu entscheiden. Der liebevolle Erwachsene, der Teil von uns, der in Verbindung zu universeller Liebe und Wahrheit steht, bringt diese Liebe und Wahrheit von unserer Höheren Macht herein.

Dialog mit Ihrem Höheren Selbst bzw. Ihrer Höheren Macht

Wenn Sie nicht an eine Höhere Macht glauben, die außerhalb Ihrer selbst existiert, funktioniert es genausogut, wenn Sie mit Ihrem eigenen höchsten Wesenskern in Dialog treten, mit Ihrem eigenen Höheren Selbst. Die Information wird Sie erreichen, ob Sie sich nun vorstellen, sie käme von außen oder aus Ihrem Innern.

Sie müssen sich wieder in der Absicht zu lernen befinden. Bitten Sie Ihre Höhere Macht um Anleitung bei der Entdeckung von Wahrheit und liebevollem Handeln und um Hilfe, dieses liebevolle Tun auch umzusetzen. Wenn Sie sich für das Lernen entschieden haben, ist Ihr Herz offen und hört die Stimme Ihres Höheren Selbst bzw. Ihrer Höheren Macht. Sie können beispielsweise folgende Fragen stellen oder Bemerkungen machen:

- »Was ist die Wahrheit über dieses Glaubensmuster, das mir Schmerz verursacht?«
- »Was kann ich tun, um die Gültigkeit dieses Glaubensmusters in Frage zu stellen?«
- »Was braucht mein Kind in diesem Augenblick, um sich von mir geliebt zu fühlen?«
- »Wie sieht liebevolles Verhalten gegenüber meinem inneren Kind in dieser Konfliktsituation mit _____________ (Name der Person) aus?«
- »Wie sieht liebevolles Verhalten gegenüber meinem inneren Kind in dieser Lebenssituation aus?«
- »Bitte hilf mir, die Stärke und den Mut aufzubringen und für mein Kind liebevoll zu handeln.«
- »Danke für deine Liebe und deine Hilfe.«

Schriftlicher Dialog mit Ihrer Höheren Macht

➢ Verwenden Sie den Dialog, den Sie mit Ihrem inneren Kind geführt haben, und suchen Sie sich ein Glaubensmuster aus, das Sie in Frage stellen möchten, oder eine Situation, für die Sie liebevolles Verhalten kennenlernen wollen.

➢ Öffnen Sie Ihr Herz, und konzentrieren Sie sich nach oben. Visualisieren Sie einen Ball aus leuchtendem weißgoldenem Licht über Ihrem Kopf. Erschaffen Sie einen Kreis der Liebe zwischen Ihrem Herzen und diesem Licht. Geben Sie sich durch Ihre Absicht zu lernen dem Wissen um die Wahrheit hin. Lassen Sie sich von der Antwort *durch*strömen. Schreiben Sie alles auf, was Ihnen einfällt, ohne es zu zensieren.

➢ Erwachsener: Wie lautet die Wahrheit über?

➢ Wie sieht in dieser Situation liebevolles Verhalten aus?

Je häufiger Sie diese Übung durchführen, desto mehr Informationen werden Sie erhalten, und schließlich werden Sie lernen, zwischen der Stimme Ihres liebevollen Erwachsenen, der die Wahrheit spricht, und der Stimme Ihres erwachsenen Kindes, das sich Dinge ausdenkt, zu unterscheiden.

Es ist wichtig, sich daran zu erinnern, daß das, was uns gegenüber liebevoll ist, immer auch liebevoll auf andere wirkt. Der Schwerpunkt muß jedoch darauf liegen, was uns selbst, unserem eigenen inneren Kind gegenüber, liebevoll ist. Wenn wir uns darauf konzentrieren, was unserer Meinung nach anderen gegenüber liebevoll wäre, enden wir damit, uns zu sorgen, anstatt liebevoll zu sein, und unser Kind hat das Nachsehen.

Ebenso wie Ihr Kind schließlich zu Ihnen sprechen wird, wenn Sie Ihren Dialog regelmäßig durchführen, wird auch Ihre Höhere Macht mit Ihnen sprechen. Mit etwas Übung werden Sie lernen, die Stimme Ihrer Höheren Macht zu hören, selbst wenn sie im allgemeinen sehr leise ist. Die Herausforderung liegt darin, sich für die leise Stimme Ihrer Höheren Macht zu entscheiden, anstatt für die laute Stimme Ihres Ego. Wenn Sie daran denken, daß die Stimme Ihres Ego, die Stimme Ihres erwachsenen Kindes, auf Abgetrenntheit, Angst und falschen Glaubensmustern basiert, kann das dazu beitragen, daß Sie auf die Stimme Ihrer Höheren Macht, die Stimme der Verbindung, der Liebe und der Wahrheit, konzentriert bleiben. Unser Ego versucht ständig, uns in die Irre zu führen, aber wenn wir mit den Gefühlen unseres Kindes und mit dem, was uns Frieden und Freude bringt, in Verbindung bleiben, können wir lernen, nicht so oft von unserem Kurs abzukommen.

Die Entdeckung des liebevollen Verhaltens kann einer der zutiefst schöpferischen Prozesse werden, den Sie jemals erfahren. Es ist hilfreich, dies als einen kreativen Vorgang zu sehen, bei dem Sie neue Antworten für alte Probleme suchen oder neue Antworten für neue Probleme. Wie ein Künstler, der einer leeren Leinwand gegenübersteht, offen sein muß für die kreativen Kräfte, die durch ihn hindurchströmen, müssen Sie für neue Ideen und Möglichkeiten offen sein in bezug darauf, was es bedeutet, sich selbst zu lieben. Wenn Sie sich in diesem kreativen Prozeß mit Ihrem inneren Kind und Ihrem Höheren Selbst befinden, kann das zu einer der belebendsten und befriedigendsten Erfahrungen Ihres Lebens werden.

Dialogthemen

Manchmal wissen Sie möglicherweise nicht, worüber Sie mit Ihrem Kind sprechen sollen. Für gewöhnlich wird Ihr Kind, wenn Sie es fragen, worüber es sprechen möchte, mit einer Antwort aufwarten. Wenn dies jedoch nicht geschieht, können Sie eines der nachfolgenden Dialogthemen wählen. Wenn Sie merken, daß Ihr Kind in einer dieser Situationen unglücklich ist und Sie keinen Ausweg finden können, erforschen Sie das liebevolle Verhalten mit Ihrer Höheren Macht. Bei einer ganzen Reihe dieser Situationen kann es mehrere Entdeckungsreisen erfordern, bis Sie die Gefühle und liebevolles Verhalten gründlich verstehen. Diese Entdeckungsreisen haben mit gegenwärtigen Dingen zu tun. In Kapitel 8 werden wir die Themen der Vergangenheit erforschen.

- Wenn Sie verheiratet sind oder einen festen Partner haben, erforschen Sie die Gefühle Ihres Kindes in bezug auf Ihren Ehe- bzw. Lebenspartner.
- Wenn Sie keine feste Beziehung haben, erforschen Sie die Gefühle Ihres Kindes in bezug auf diese Situation.
- Wenn Sie berufstätig sind, erforschen Sie die Gefühle Ihres Kindes in bezug auf die Arbeit, der Sie nachgehen, bzw. in bezug auf die Zeit, die Sie für Ihren Beruf aufwenden.
- Wenn Sie keiner bezahlten Tätigkeit nachgehen, erforschen Sie die Gefühle Ihres Kindes in bezug auf diese Situation.
- Wenn Sie sich zu Hause Ihren Kindern widmen, erforschen Sie die Gefühle Ihres Kindes in bezug auf diese Situation.
- Wenn Sie Kinder haben und mit einem oder mehreren Ihrer Kinder im Streit liegen, erforschen Sie die Gefühle Ihres Kindes in bezug auf diese Situation.
- Erforschen Sie die Gefühle Ihres Kindes in bezug auf Ihre Eltern, gleichgültig, ob diese noch leben oder nicht.
- Wenn Sie Geschwister haben, erforschen Sie die Gefühle Ihres Kindes in bezug auf Ihre Geschwister. Welche Gefühle hat Ihr Kind in bezug auf Ihre Stellung in der Familie – als jüngstes, ältestes oder mittleres Kind?
- Wenn Sie ein Einzelkind sind, erforschen Sie die Gefühle Ihres Kindes in bezug auf diese Situation.
- Wenn Sie einen Chef bzw. Vorgesetzten haben, erforschen Sie die Gefühle Ihres Kindes in bezug auf diesen Menschen.
- Wenn Sie eine Auseinandersetzung mit einem Kollegen bzw. einer Kollegin an Ihrem Arbeitsplatz haben, erforschen Sie die Gefühle

Ihres Kindes in bezug auf diese Auseinandersetzung sowie in bezug auf die Person, mit der Sie im Konflikt stehen. Wie fühlt sich Ihr Kind in bezug auf die Art und Weise, wie Sie mit diesem Konflikt umgehen?

- Erforschen Sie die Gefühle Ihres Kindes in bezug auf Ihre Freizeitgestaltung. Spielen Sie oft genug? Führen Sie ein ausgeglichenes Leben?
- Erforschen Sie die Gefühle Ihres Kindes in bezug auf Ihren Körper und wie Sie mit ihm umgehen. Was fühlt Ihr Kind in bezug auf Nahrungs- und Genußmittel, Sport, Ruhe?
- Wenn Sie Alkohol trinken oder Drogen nehmen, erforschen Sie die Gefühle Ihres Kindes in bezug auf diese Situation. Wer ist für Ihren Alkohol- bzw. Drogenkonsum verantwortlich: Ihr Erwachsener oder Ihr erwachsenes Kind?
- Wenn Sie rauchen, erforschen Sie die Gefühle Ihres Kindes in bezug auf diese Situation. Wer ist für Ihre Entscheidung zu rauchen verantwortlich: Ihr Erwachsener oder Ihr erwachsenes Kind?
- Wenn Sie an einer Eßstörung leiden, erforschen Sie die Gefühle Ihres Kindes in bezug auf diese Situation. Wer ist verantwortlich dafür, wieviel bzw. wie wenig Sie zu sich nehmen: Ihr Erwachsener oder Ihr erwachsenes Kind?
- Erforschen Sie die Gefühle Ihres Kindes in bezug auf Ihre Freundschaften.
- Wenn Sie zur Schule gehen, erforschen Sie die Gefühle Ihres Kindes in bezug auf die Schule.
- Erforschen Sie die Gefühle Ihres Kindes in bezug auf Ihr Zuhause – auf das Haus bzw. die Wohnung und auf die Stadt bzw. die Ortschaft, in der Sie leben.
- Wenn Sie mit jemandem zusammenwohnen, erforschen Sie die Gefühle Ihres Kindes in bezug auf diese Situation.
- Erforschen Sie die Gefühle Ihres Kindes in bezug auf die Art und Weise, wie Sie mit Geld umgehen. Wer bestimmt über Ihr Geld: Ihr Erwachsener oder Ihr erwachsenes Kind?
- Erforschen Sie die Gefühle Ihres Kindes in bezug auf Ihre Pünktlichkeit bei Verabredungen. Wer bestimmt Ihre Pünktlichkeit: Ihr Erwachsener oder Ihr erwachsenes Kind?
- Erforschen Sie die Gefühle Ihres Kindes in bezug auf die Zeit, die Sie für sich allein haben bzw. nicht haben.
- Erforschen Sie die Gefühle Ihres Kindes in bezug auf die Sexualität. Wenn Sie einen Partner haben, erforschen Sie Ihre sexuellen Gefühle in bezug auf Ihren Partner. Erforschen Sie Ihre Gefühle in bezug auf Masturbation. Erforschen Sie Ihre Gefühle in bezug auf Ihre

sexuelle Identität. Erforschen Sie Ihre Gefühle in bezug auf Ihren Sexualtrieb.
- Erforschen Sie die Gefühle Ihres Kindes in bezug auf politische Themen und Umweltfragen.
- Erforschen Sie die Gefühle Ihres Kindes in bezug auf Ihren Schlaf. Bekommen Sie zuwenig Schlaf? Zuviel Schlaf?
- Erforschen Sie die Gefühle Ihres Kindes in bezug auf das Fernsehen.
- Erforschen Sie die Gefühle Ihres Kindes in bezug auf Religion und Spiritualität.
- Erforschen Sie die Gefühle Ihres Kindes in bezug auf Abtreibung.
- Erforschen Sie die Gefühle Ihres Kindes in bezug auf Minderheitenprobleme und Menschenrechte.
- Erforschen Sie die Gefühle Ihres Kindes in bezug auf Feminismus und die Frauenbewegung.
- Erforschen Sie die Gefühle Ihres Kindes in bezug auf die Männerbewegung.
- Erforschen Sie die Gefühle Ihres Kindes in bezug auf Reinlichkeit und Ordnung. Wer bestimmt, ob es sauber oder schmutzig, ordentlich oder schlampig ist: Ihr Erwachsener oder Ihr erwachsenes Kind?
- Wie fühlt sich Ihr Kind, wenn Sie beim Autofahren von einem anderen angebrüllt werden?
- Wie fühlt sich Ihr Kind, wenn die Kassiererin im Supermarkt oder der Verkäufer in einem Geschäft unhöflich zu Ihnen ist?
- Wie fühlt sich Ihr Kind, wenn Sie sehen, wie andere Eltern ihrem Kind Vorwürfe machen oder es schlagen?
- Erforschen Sie die Gefühle Ihres Kindes in bezug auf Ihren Wagen.
- Erforschen Sie die Gefühle Ihres Kindes in bezug auf Ihre Kleider und die Farben, die Sie tragen.
- Erforschen Sie die Gefühle Ihres Kindes in bezug auf die Einrichtung Ihrer Wohnung und die Gestaltung Ihres Arbeitsplatzes.

Wenn irgendeiner dieser Punkte zu einem inneren Konflikt führt, erforschen Sie, wie Ihr erwachsenes Kind sich in bezug auf diese Frage fühlt und warum Ihr erwachsenes Kind und Ihr inneres Kind unterschiedliche Gefühle haben. Entspricht die Einstellung Ihres erwachsenen Kindes der Überzeugung Ihrer Eltern?

Bei manchen Menschen dauert es Wochen oder gar Monate, bevor Ihr inneres Kind mit ihnen spricht. Ihr Kind wird mit Ihnen sprechen, sobald es davon überzeugt ist, daß Sie die Absicht haben zu lernen und daß Sie nicht weggehen werden. Es braucht auch Zeit, bis Sie erkennen, ob Ihr erwachsenes Kind die Frage beantwortet oder Ihr natürlicher Wesenskern, Ihr inneres Kind. Mit etwas Übung werden Sie die beiden Stimmen unterscheiden können. Die Stimme des erwachsenen Kindes stammt immer aus der Angst – der Egostimme –, während die Stimme des inneren Kindes und des liebevollen Erwachsenen aus der Liebe stammen – dem Höheren Selbst.

8

Vertiefung des Inner Bonding

Wenn Sie Ihrem inneren Kind ein liebevoller Erwachsener werden wollen, müssen Sie in der Gegenwart zum liebevollen Elternteil werden *und* die Vergangenheit liebevoll mit neuen Augen betrachten. *Beides* sind wesentliche Aspekte des Inner Bonding. Wenn Sie die früheren Traumata des inneren Kindes heilen wollen, jedoch niemals lernen, in der Gegenwart zum liebevollen Erwachsenen zu werden, lassen Sie die alten Traumata weiterleben, indem Sie mit Ihrem Kind umgehen, wie Ihre Eltern dies mit Ihnen taten. Wenn Sie lernen, sich in Gegenwartssituationen liebevoll zu verhalten, aber niemals tief in alte Wunden eintauchen, werden diese alten Wunden weiterhin in all Ihren Beziehungen Probleme verursachen.

Im letzten Kapitel haben wir Sie in das Dialogverfahren eingeführt und viele Gegenwartssituationen als Dialogthemen vorgeschlagen. Die Themen, die in diesem Kapitel angeschnitten werden, stammen aus der Vergangenheit.

Bei unserer Arbeit mit unseren Patienten und Patientinnen haben wir herausgefunden, daß es drei Monate konsequenten täglichen Dialogs bedarf, bevor sich das innere Kind sicher genug fühlt, Sie an seinen Erinnerungen an die Kindheit teilhaben zu lassen. Sobald sich das Kind erst einmal sicher fühlt, daß der Erwachsene es in Zeiten der Angst und des Schmerzes nicht verlassen wird, öffnet sich die Tür zu unterdrückten oder abgespalteten Erinnerungen, und das Kind erlaubt Ihnen langsam den Zugang. Wenn Sie nicht gerade aufgrund eines rituellen Mißbrauchs darauf programmiert sind, mit Erinnerungen überschwemmt zu werden, kommen die Erinnerungen in einer Geschwindigkeit, mit der Sie umgehen können.

Heilung von Schmerz geschieht, wenn Sie bereit sind, den Schmerz zu fühlen und loszulassen, bis die Ladung des schmerzlichen Vorfalls abgebaut ist. Es reicht nicht, intellektuell zu wissen, daß etwas Schmerzliches geschehen ist. Sie müssen auch den körperlichen und emotionalen Schmerz der Erfahrung spüren und loslassen.

Bisweilen stellen sich Erinnerungen zuerst als Körpergefühle ein, insbesondere Erinnerungen an körperlichen bzw. sexuellen Mißbrauch. Manchmal tauchen auch Erinnerungsblitze auf, wie Filmausschnitte, anfangs ohne damit verknüpfte Gefühle. Manchmal erscheinen Erinnerungen in Träumen. Wenn sie als tatsächliche Bilder auftreten, hat man das Gefühl, zu träumen oder sich das nur ausgedacht zu haben. Abgespaltene Erinnerungen – *jene Erinnerungen an extremen Mißbrauch, die seit der Zeit, als sie entstanden, verdrängt wurden* – sind fast immer traumähnlich und erwecken fast immer den Anschein von Phantasievorstellungen. Unterdrückte Erinnerungen – *jene Erinnerungen, die einige Zeit nach ihrer Entstehung in die Vergessenheit gedrängt wurden* – fühlen sich wesentlich realer an.

Häufig berühren gegenwärtige Konflikte mit unserem Ehepartner, unserem Kind, unserem Chef oder einem Freund alte Wunden. Sie bieten uns die Gelegenheit, diese alten Wunden zu erforschen, wenn wir gewillt sind, mit unserem inneren Kind zu lernen.

Wie können wir wissen, wann alte Wunden aktiviert werden? Wir wissen es durch die Erfahrung unseres Schmerzes oder durch unsere Neigung, uns vor unserem Schmerz zu schützen. Wenn Sie mit einem wichtigen Menschen in Ihrem Leben eine Auseinandersetzung haben oder eine wichtige Person etwas sagt bzw. tut, was Sie beunruhigt, wie fühlen Sie sich dann im allgemeinen? Kreuzen Sie alle Gefühle an, die auf Sie zutreffen.

- ❑ besorgt, angespannt
- ❑ wütend
- ❑ verletzt
- ❑ enttäuscht
- ❑ ängstlich, erschreckt
- ❑ verlassen, beiseite geschoben
- ❑ kontrolliert, eingezwängt
- ❑ ungeliebt
- ❑ nicht liebenswert
- ❑ leer
- ❑ einsam
- ❑ in Panik
- ❑ zornig
- ❑ im Recht
- ❑ im Irrtum
- ❑ anklagend

- ❑ beschämt
- ❑ als Opfer
- ❑ taub
- ❑ überwältigt
- ❑ verrückt
- ❑ vernichtet
- ❑ hilflos
- ❑ machtlos
- ❑ bewegungsunfähig
- ❑ verloren
- ❑ verzweifelt
- ❑ selbstmordgefährdet
- ❑ besitzergreifend
- ❑ konkurrierend
- ❑ eifersüchtig, neidisch
- ❑ bedroht
- ❑ rachsüchtig
- ❑ traurig
- ❑ beschämt
- ❑ gedemütigt
- ❑ kritisch, verurteilend
- ❑ geschockt
- ❑ eine Nasenlänge voraus
- ❑ eine Nasenlänge hinterher
- ❑ bedürftig
- ❑ benutzt
- ❑ verkannt
- ❑ als Märtyrer
- ❑ in der Falle sitzend
- ❑ reizbar
- ❑ niedergeschlagen
- ❑ aufsässig
- ❑ abgelehnt

Diese Erfahrungen und Gefühle sind ein Hinweis, eine aufgezogene Signalflagge, die besagt, daß die Chancen gut stehen, daß alte Wunden aktiviert sind. Diese Gefühle können auch symbolisieren, daß der Erwachsene noch nicht gelernt hat, wie er mit einer momentanen Situation umgehen muß. Nur durch den Dialog mit Ihrem inneren Kind werden Sie lernen, warum es diese Erfahrungen und Gefühle gibt.

Wenn diese Gefühle und Erfahrungen das Ergebnis alter, noch offener Wunden sind, könnten diese Wunden aus der Kindheit stammen, aus emotionalem, körperlichem oder sexuellem Mißbrauch. Alle unsere schmerzlichen, ungeheilten Erfahrungen aus der Vergangenheit sind auch mit falschen Glaubensmustern verknüpft – mit Überzeugungen, die unser Leben auch heute noch bestimmen können. Einige dieser Glaubensmuster waren noch nie zutreffend, wie jene Überzeugungen in bezug auf unsere Liebenswürdigkeit; manche dieser Überzeugungen waren zwar früher einmal wahr, stimmen jedoch heute nicht mehr wie beispielsweise die Überzeugung, wir seien die hilflosen Opfer der Entscheidungen anderer.

Tiefer reichende Klärungsarbeit wird am besten mit einer engen Freundin oder einem Therapeuten durchgeführt. Wenn Sie tiefer in das Inner Bonding eindringen, brauchen Sie eventuell einen engen Freund bzw. eine Therapeutin, die Sie durch Ihren Schmerz begleitet. Sie waren schon beim ersten Mal allein mit Ihrem Schmerz, damals als Kind. Es ist nicht heilsam, diesen alten Schmerz erneut allein zu durchleben. Wir alle brauchen manchmal jemanden, der bei uns ist oder uns im Arm hält, wenn wir tiefen Schmerz empfinden. Die Aufgabe unserer Freundin bzw. des Therapeuten liegt nicht darin, uns den Schmerz abzunehmen, sondern uns wissen zu lassen, daß wir in diesem Schmerz nicht allein sind, uns liebevolle Energie zu geben, uns zu helfen hindurchzukommen und uns einen Spiegel vorzuhalten in bezug auf unseren Heilungsprozeß. Wir können einen Teil der tieferen Arbeit selbst bewältigen, aber in der Regel nicht die ganze Arbeit.

Die nachfolgenden Fragen können Ihnen helfen, sich zu erinnern und Ihre alten, noch offenen Wunden zu erforschen sowie die Überzeugungen, die damit verknüpft sind. Wenn Sie Ihre falschen Glaubensmuster, die Sie in den vorigen Kapiteln überprüft haben, durchgehen, so kann Ihnen das helfen, diese Überzeugungen mit Ihren Erfahrungen der Vergangenheit zu verbinden. Sie sind vielleicht nicht in der Lage, beim ersten oder zweiten Durchlesen alle Fragen hinsichtlich Ihrer Überzeugungen zu beantworten. Es braucht Zeit und Übung mit dem Inner Bonding, um unsere falschen Glaubensmuster mit unseren Kindheitserlebnissen in Verbindung zu bringen.

Sie können diese Fragen immer wieder durchgehen und so Ihr Erinnerungsvermögen trainieren. Jedesmal, wenn Sie sie durchlesen, werden Sie tiefer in Ihre Erinnerungen eindringen, sobald Ihr inneres Kind Ihrer Absicht zu lernen vertraut. Sie können eine Frage nach der anderen durchgehen oder nur eine Frage pro Tag und sie einsinken lassen, bevor Sie sich an die Antwort machen. Sie können diese Seiten kopieren, damit Sie die Fragen immer wieder neu beantworten können, sobald neue Informationen auftauchen. Erinnerungsarbeit und das Heilen alter Wunden sind ein schichtweiser Prozeß – wie das Schälen einer Zwiebel.

➢ Wenn Sie alle paar Monate diese Fragen durchgehen, werden jedesmal neue und verschiedenartige Antworten auftauchen.

Beschreiben Sie das erste Schlafzimmer, an das Sie sich erinnern können.

➢ Hatten Sie jemals ein eigenes Zimmer, oder mußten Sie Ihr Zimmer immer teilen? Wie haben Sie sich dabei gefühlt?

➢ Wer war Ihr ständiger Spielgefährte, und was haben Sie gespielt?

➢ Was war Ihre Lieblingsgeschichte als Kind? Gibt es in dieser Geschichte etwas, was Ihnen half, das Drehbuch Ihres Lebens zu schreiben, etwas, was einen Bezug zu Ihrem jetzigen Leben hat?

➢ Wer hat bestimmt, was Sie anziehen mußten?

- Wenn nicht Sie das entschieden haben, sondern jemand anders, was hielten Sie davon, und welche Überzeugungen haben Sie als Ergebnis dessen angenommen?

- Können Sie sich an Ihren ersten Schultag erinnern?

- Welche Überzeugungen haben Sie als Ergebnis Ihrer Erfahrungen Ihres ersten Schultages angenommen?

➢ Wie waren Sie in der Schule? Hatten Sie in der Schule jemals Schwierigkeiten? Wenn ja, warum?

____

____

____

____

____

____

____

➢ Welche Überzeugungen haben Sie als Ergebnis Ihrer schulischen Erfahrungen angenommen?

____

____

____

____

____

____

____

➢ Wie sind Sie mit Ihren Klassenkameraden ausgekommen? Hatten Sie Freunde an der Schule, oder fühlten Sie sich isoliert? Gehörten Sie zur tonangebenden Clique, oder fühlten Sie sich immer ausgeschlossen? Hat man in der Schule jemals auf Ihnen herumgehackt, Sie übergangen bzw. sich über Sie lustig gemacht?

____

____

____

____

____

____

____

➢ Welche Überzeugungen haben Sie als Ergebnis Ihrer sozialen Erfahrungen an der Schule angenommen?

➢ Wie sahen die Festtage bei Ihnen zu Hause aus? Gab es Spaß oder Anspannung? Fühlten Sie sich verpflichtet, zu feiern bzw. Geschenke zu kaufen, oder haben Sie das gern getan? Wurden Ihre Geschenke mit Liebe angenommen, oder hat man sich darüber lustig gemacht?

➢ Welche Überzeugungen haben Sie als Ergebnis dieser Erfahrungen angenommen?

➢ Wie wurden Sie bestraft? Hat man Sie ignoriert? Hat man Sie isoliert? Wurden Ihnen Privilegien entzogen? Hat man Sie wütend angestarrt, angebrüllt, beschimpft, geschlagen? Wenn man Sie geschlagen hat, womit hat man das getan? Mit der Hand, der Faust, einem Gürtel, einem Lineal, einem Kleiderbügel, einem Brett, einem Stock?

➢ Welche Überzeugungen haben Sie als Ergebnis dieser Bestrafungen (bzw. der fehlenden Bestrafung) angenommen?

➢ In welchen Bereichen hatten Sie Streit mit Ihren Eltern oder anderen Betreuungspersonen? Wo fühlten Sie sich kontrolliert oder beschämt?

- ❑ Unordnung machen
- ❑ aufs Töpfchen gehen (sauber werden)
- ❑ bettnässen
- ❑ Schlafenszeit
- ❑ zähneputzen
- ❑ baden oder duschen
- ❑ Dinge kaputtmachen
- ❑ Masturbation
- ❑ Lärm machen
- ❑ Unterbrechungen
- ❑ lügen
- ❑ Widerrede geben

- ❑ lachen
- ❑ weinen
- ❑ Ihre Gefühle verletzt zu sehen
- ❑ wütend werden
- ❑ Ihr Zimmer aufzuräumen
- ❑ Ihre Pflichten im Haushalt zu erledigen
- ❑ Streit mit Ihren Geschwistern
- ❑ was oder wieviel Sie aßen, den Teller nicht leer zu essen
- ❑ Dinge verlieren
- ❑ krank sein
- ❑ zu spät kommen
- ❑ Hausaufgaben
- ❑ Schulnoten
- ❑ welche Kleidung Sie trugen
- ❑ wie Sie Ihr Haar trugen
- ❑ Sexualität
- ❑ Ausgang
- ❑ Ihre Freunde bzw. Ihr Mangel an Freunden
- ❑ Drogen oder Alkohol

(Fügen Sie Ihre eigenen Punkte hinzu.)

____

____

____

____

____

____

____

____

➢ Je nachdem, was Sie angekreuzt haben, beschreiben Sie die Zeiten, in denen Sie bestraft oder beschimpft wurden, soweit Sie sich daran erinnern. Was genau geschah?

➢ Wie fühlten Sie sich damals?

➢ Welche Überzeugungen haben Sie angenommen?

➢ Welchen Einfluß hat das heute auf Sie?

➢ War die Bestrafung willkürlich? Schien sie aus dem Nichts zu kommen? Haben Sie ständig versucht herauszufinden, was Sie denn nun wieder falsch gemacht hatten? Wenn ja, wie hat Sie das Ihrer Meinung nach beeinflußt?

➢ Was hat Ihre Mutter oder eine andere weibliche Betreuungsperson getan, wenn sie sich über Sie aufregte?

- Welche Überzeugungen haben Sie als Ergebnis dessen angenommen?

- Was hat Ihr Vater oder eine andere männliche Betreuungsperson getan, wenn er sich über Sie aufregte?

- Welche Überzeugungen haben Sie als Ergebnis dessen angenommen?

➢ Als Ihre Großeltern noch lebten, wie wurden Sie von ihnen behandelt, wenn sie sich über Sie aufregten?

➢ Welche Überzeugungen haben Sie als Ergebnis dessen angenommen?

➢ Wenn Sie Geschwister hatten, insbesondere ältere Geschwister, wie wurden Sie von diesen behandelt?

- Welche Überzeugungen haben Sie als Ergebnis dessen angenommen?

- Wie gestalteten sich die Mahlzeiten bei Ihnen zu Hause? Was geschah, wenn Sie Ihren Teller nicht leergegessen haben?

- Welche Überzeugungen haben Sie als Ergebnis dessen angenommen?

➢ Ist Ihre Familie jemals in Urlaub gefahren? Wenn ja, wie waren diese Ferien?

➢ Welche religiösen Gebräuche wurden in Ihrer Familie gepflegt?

➢ Wie wurden Sie von diesen religiösen Gebräuchen (bzw. dem Mangel an religiösen Gebräuchen) beeinflußt, und welche Überzeugungen haben Sie aufgrund dessen angenommen?

- Wie gingen Ihre Familienangehörigen bzw. andere Betreuungspersonen mit Sexualität um? War man offen, verschlossen, verklemmt, peinlich berührt?

- Inwiefern hat diese Einstellung Ihre jetzige Sexualität beeinflußt?

- Sind Sie jemals bei »Doktorspielen« oder bei anderen sexuellen Spielen mit sich selbst oder einem anderen Kind erwischt worden? Was geschah, als Sie entdeckt wurden?

➢ Wenn man Sie dabei ertappt hat, welche Überzeugungen haben Sie aufgrund dessen angenommen?

➢ Hat sich ein Elternteil oder haben sich beide Eltern Ihnen körperlich oder emotional häufig entzogen?

➢ Wie hat Sie das Ihrer Meinung nach beeinflußt, und welche Überzeugungen haben Sie aufgrund dessen angenommen?

➢ Haben Sie jemals gesehen, daß Ihr Vater Ihre Mutter schlug?

➢ Wenn ja, welche Überzeugungen haben Sie aufgrund dessen angenommen?

➢ Haben Sie erlebt, daß Ihre Mutter durch schreien, nörgeln, beschimpfen, weinen, sich entziehen oder anderes kontrollierendes Verhalten Ihren Vater beherrschte?

➢ Wenn ja, welche Überzeugungen haben Sie aufgrund dessen angenommen?

➢ Haben Sie erlebt, daß Ihr Vater durch Wutanfälle, Gewalttätigkeit, Sarkasmus, Beschimpfungen, Schweigen oder anderes kontrollierendes Verhalten Ihre Mutter beherrschte?

➢ Wenn ja, welche Überzeugungen haben Sie aufgrund dessen angenommen?

- Hatten Sie Pflichten im Haushalt? Was geschah, wenn Sie diese nicht erledigten?

- Gab es in Ihrer Familie ein Haustier? Wer war dann für dieses Tier verantwortlich?

- Wie ist man in Ihrer Familie oder bei anderen Betreuungspersonen mit Gefühlen umgegangen – mit den eigenen und mit Ihren Gefühlen? Wurden Ihre Gefühle gehört, respektiert, ignoriert, außer acht gelassen, beschimpft, ruhiggestellt mit Belohnungen wie Fernsehen oder Nahrungsmitteln?

➢ Wenn Ihr Vater oder Ihre Mutter wütend waren, haben sie Ihnen dann die Verantwortung für ihre Gefühle gegeben, indem sie Sie beschimpften oder Ihnen die Schuld gaben?

➢ Haben Ihr Vater oder Ihre Mutter die Verantwortung für Ihre Gefühle übernommen, indem sie Ihren Wünschen nachgaben, Ihre Bedürfnisse vorausahnten, sich um Sie kümmerten, Sie verwöhnten?

➢ Welche Überzeugungen haben Sie hinsichtlich der Verantwortung für Gefühle angenommen – als Ergebnis dessen, wie Ihre Eltern mit ihren eigenen und mit Ihren Gefühlen umgegangen sind?

- ➢ Welche Stellung nahmen Sie in Ihrer Familie ein? Das älteste Kind? Das mittlere Kind? Das jüngste Kind? Das einzige Kind?

- ➢ Wie hat Sie das Ihrer Meinung nach beeinflußt, und welche Überzeugungen haben Sie aufgrund dessen angenommen?

- ➢ Wurden Sie von Ihren Geschwistern anders behandelt? Wenn ja, auf welche Weise?

- ➢ Welche Überzeugungen haben Sie aufgrund dessen angenommen?

➢ Wenn Sie jüngere Geschwister hatten, wie wurden Sie behandelt, nachdem diese auf die Welt kamen? Können Sie sich erinnern, wie Sie sich nach der Geburt Ihres jüngeren Bruders bzw. Ihrer jüngeren Schwester fühlten?

➢ Welche Überzeugungen haben Sie aufgrund dessen angenommen?

➢ Wenn Sie jüngere Geschwister hatten, wie wurden Sie von ihnen behandelt?

- Welche Überzeugungen haben Sie als Ergebnis dessen angenommen, wie Sie von Ihren Geschwistern behandelt wurden?

- Wer war das Lieblingskind Ihrer Mutter?

- Wer war das Lieblingskind Ihres Vaters?

- Wie hat Sie das beeinflußt, und welche Überzeugungen haben Sie aufgrund dessen angenommen?

➢ Wurden Sie jemals mit Ihren Geschwistern oder anderen Kindern verglichen? Wenn ja, wie hat Sie das beeinflußt, und welche Überzeugungen haben Sie aufgrund dessen angenommen?

➢ Hatten Sie als Kind Alpträume? Wenn ja, können Sie sich daran erinnern? Konnten Sie zu einem Elternteil gehen, wenn Sie nachts Angst hatten, oder waren Sie einfach allein?

➢ Waren Sie als Kind Bettnässer? Wenn ja, wie fühlten Sie sich diesbezüglich, und welche Überzeugungen haben Sie aufgrund dessen mittlerweile angenommen?

➢ Hatten Sie als Kind jemals Wutanfälle? Wenn ja, wie gingen Ihre Eltern oder andere Betreuungspersonen damit um?

➢ Hatten Sie Angst, von Ihrer Familie getrennt zu werden? Wenn ja, schreiben Sie alles auf, an das Sie sich diesbezüglich erinnern.

➢ Welche Überzeugungen haben Sie aufgrund dessen angenommen?

➢ War ein Elternteil bzw. waren beide Eltern oder andere Betreuungspersonen:

- ❑ Alkoholiker
- ❑ drogenabhängig
- ❑ fernsehsüchtig
- ❑ Workaholics
- ❑ cholerisch
- ❑ nahrungsmittelabhängig (Eßstörung)
- ❑ Spieler
- ❑ geisteskrank

➢ Wie hat Sie das Ihrer Meinung nach beeinflußt, und welche Überzeugungen haben Sie aufgrund dessen angenommen?

____

____

____

____

____

____

____

➢ Wurden Sie adoptiert?

____

➢ Wie hat Sie das Ihrer Meinung nach beeinflußt, und welche Überzeugungen haben Sie aufgrund dessen angenommen?

____

____

____

____

____

____

____

➢ Wurden Sie von einem alleinerziehenden Elternteil betreut?

____

- ❑ Wenn die Antwort ja lautet, lag es daran, daß Ihre Eltern sich scheiden ließen?
- ❑ Lag es daran, daß Ihre Eltern nie geheiratet haben?
- ❑ Lag es daran, daß ein Elternteil gestorben ist?
- ❑ Lag es daran, daß ein Elternteil Selbstmord beging?
- ❑ Lag es daran, daß Sie von einem Elternteil verlassen wurden?

➢ Wie hat Sie das Ihrer Meinung nach beeinflußt, und welche Überzeugungen haben Sie aufgrund dessen angenommen?

____

____

____

____

____

____

____

____

➢ Wurden Sie in einem Waisenhaus erzogen? ______________

➢ Wurden Sie von Pflegeeltern erzogen? ______________

➢ Wurden Sie von Ihren Großeltern oder anderen Verwandten erzogen?

____

➢ Wie hat Sie das Ihrer Meinung nach beeinflußt, und welche Überzeugungen haben Sie aufgrund dessen angenommen?

____

____

____

➢ Mußten Sie jemals unter extremer Vernachlässigung leiden – wurden Sie stundenlang weinend allein gelassen, nicht gefüttert, nicht in den Arm genommen und geknuddelt, krank allein gelassen? Wurde Ihre Krankheit einfach nicht zur Kenntnis genommen?

➢ Wie hat Sie das Ihrer Meinung nach beeinflußt, und welche Überzeugungen haben Sie aufgrund dessen angenommen?

➢ Sind Sie in einer sehr armen Familie aufgewachsen, in der es nicht genug zu essen gab?

➢ Wie hat Sie das Ihrer Meinung nach beeinflußt, und welche Überzeugungen haben Sie aufgrund dessen angenommen?

➢ Wurden Sie durch die Hand eines Elternteils oder beider Eltern jemals körperlich schwer verletzt?

➢ Wie hat Sie das Ihrer Meinung nach beeinflußt, und welche Überzeugungen haben Sie aufgrund dessen angenommen?

➢ Wurden Sie offen sexuell mißbraucht? Wenn ja, wie alt waren Sie damals, und wer hat Sie mißbraucht?

Diese Erinnerungen sind manchmal am schwersten zu aktivieren, weil sie am stärksten verletzen und daher häufig abgetrennt oder unterdrückt werden. Wenn Sie sich vage an sexuellen Mißbrauch erinnern oder das Gefühl haben, sexuell mißbraucht worden zu sein, kann es Ihre Erinnerung aktivieren, wenn Sie sich einer Therapie unterziehen und Bücher zu sexuellem Mißbrauch lesen wie beispielsweise *Trotz allem. Wege zur Selbstheilung für sexuell mißbrauchte Frauen* von Ellen Bass und Laura Davis (Orlanda Frauenverlag, Berlin 1992). Neben dem Inner Bonding, das Sie selbst durchführen, erfordert es normalerweise professionelle Hilfe, um die Wunden sowohl von sexuellem Mißbrauch als auch von schwerem körperlichem und emotionalem Mißbrauch zu heilen, da dies ein therapeutischer Prozeß ist.

➢ Wenn Sie offen sexuell mißbraucht wurden, wie hat Sie das Ihrer Meinung nach beeinflußt, und welche Überzeugungen haben Sie aufgrund dessen angenommen?

____

____

____

____

____

____

____

____

____

____

➢ Haben Sie von einem Familienmitglied versteckten sexuellen Mißbrauch erlebt – sexuelle Energie, verführerische Energie, schmutzige Witze, Kommentare zu Ihrem Körper, Exhibitionismus oder Voyeurismus?

____

____

____

____

➢ Wie hat Sie das Ihrer Meinung nach beeinflußt, und welche Überzeugungen haben Sie aufgrund dessen angenommen?

Trauer

Wenn tiefe Erinnerungen an Schmerz, Verlust und Mißbrauch auftauchen, ist es wichtig, Ihrem inneren Kind Zeit zur Trauer zu geben. Unverheilte Wunden sind deswegen unverheilt, weil Gefühle, die nicht losgelassen wurden, im Innern eingeschlossen waren. Eine infizierte körperliche Wunde muß geöffnet und gesäubert werden, bevor sie heilen kann; das gilt auch für emotionale Wunden. Emotionale Wunden zu öffnen heißt, sich an sie zu erinnern, und das Säubern ist das Zulassen der Gefühle. Dann werden sie durch die natürliche Methode des Körpers, Schmerz loszulassen – weinen, schluchzen, klagen –, freigegeben. Trauer ist Bestandteil des dritten Inner-Bonding-Schrittes – ein natürliches Ergebnis des fortschreitenden Dialogprozesses.

Wenn durch den Inner-Bonding-Prozeß Gefühle auftauchen, nehmen Sie Ihre Puppe bzw. Ihren Bären in den Arm, und versichern Sie Ihrem Kind, daß Sie es auch dann noch lieben, wenn es laut schluchzt. Wenn der Schmerz zu intensiv wird, brauchen Sie unter Umständen die Hilfe eines Freundes oder eines Therapeuten, der Sie durch den Schmerz begleitet.

Die Wahrheit einbringen

Der vierte Schritt – durch Ihren liebevollen Erwachsenen die Wahrheit Ihrer Höheren Macht einzubringen – ist ebenfalls ein wesentlicher Bestandteil bei der Heilung alter Wunden. Solange Sie aus Ihren falschen Glaubensmustern heraus handeln, werden Sie Ihre Wunden immer mit sich tragen.

Die Wahrheit über falsche Glaubensmuster fließt ein, wenn Sie sich gerade nicht im Zustand der Trauer befinden – wenn die Trauer über eine bestimmte Erfahrung einen Augenblick lang verstummt ist und Sie ganz ruhig sind. Trauer kommt – wie Erinnerungen – in Etappen, daher kann alte Trauer immer wieder auftauchen; wie Ebbe und Flut kommt und geht sie. Treten Sie mit Ihrer Höheren Macht in Kontakt, wenn die Trauer abebbt und Sie sich ruhiger fühlen, und fragen Sie sie nach der Wahrheit über die falschen Glaubensmuster, die mit den von Ihnen betrauerten Erinnerungen verbunden sind.

Sie werden dies immer wieder tun müssen, jedesmal wenn der Schmerz auftaucht. Es braucht Zeit, alte Glaubenssysteme zu verändern. Ihr Erwachsener muß Ihrem Kind die Wahrheit viele Male mitteilen, und er muß auf der Basis der Wahrheit liebevoll handeln. Durch die ständige Wiederholung dieses Vorgangs wird Ihr inneres Kind Ihnen schließlich glauben.

Ein praktisches Beispiel für diesen Vorgang

Es folgt ein Beispiel, wie man die sechs Schritte des Inner Bonding durchläuft. Ein aktuelles Problem wird aufgegriffen und mit einem Kindheitsthema in Verbindung gebracht.

Mein Ehepartner oder mein Chef oder jemand, der mir nahesteht, hat mich angebrüllt.

1. Schritt: Ich stimme mich auf meine Gefühle ein – *ängstlich, erschrocken und völlig verwirrt.*

2. Schritt: Ich werde zu meinem liebevollen Erwachsenen mit der *Absicht, etwas über diese Gefühle zu lernen.*

3. Schritt: Ich stelle meinem Kind Fragen in bezug auf diese Gefühle wie beispielsweise: *»Gibt es etwas in dieser Situation, das dich an etwas aus der Vergangenheit erinnert?«*

Mein Kind antwortet: »*Ja, es erinnert mich sehr daran, wie es bei uns zu Hause zuging.*«

Dann frage ich: »*Was ist denn zu Hause geschehen? Wie haben Mutti und Vati dich behandelt, wenn sie böse auf dich waren?*«

Mein Kind antwortet: »*Meine Mutter schrie mich an, beschimpfte mich und meinte, mein Vater würde schon mit mir fertigwerden, wenn er heimkäme. Wenn mein Vater dann heimkam, schlug er mich mit einem Gürtel.*«

Als Teil des dritten Schrittes erforsche ich meine Überzeugungen:

Ich frage mein erwachsenes Kind: »*Was sagt das deiner Meinung nach über dich?*«

Mein erwachsenes Kind antwortet: »*Es sagt, daß ich schlecht bin und daß grundsätzlich alles mein Fehler ist. Wenn ich nur brav wäre und lernen würde, alles richtig zu machen, würden die Leute mich lieben und mich nicht anschreien.*«

Als Teil des dritten Schrittes gestatte ich meinem Kind, diese Gefühle zu betrauern. Ich kann weinen, schluchzen, mit einem Kissen oder zusammengerollten Handtuch auf das Bett oder einen Stuhl einschlagen. Ich halte meine Puppe bzw. meinen Bären und visualisiere mich selbst als liebevollen Erwachsenen, der mich selbst als mein inneres Kind umgibt, während ich den Schmerz durchlaufe. Ich kann meine Wut auf meinen Ehepartner, meinen Chef oder wer immer mich angebrüllt hat, loslassen, ebenso die Wut auf meine Eltern und schließlich die auf meinen Erwachsenen dafür, daß er mich nicht beschützt hat. Ich kann aus tiefstem Herzen um all die Momente weinen, in denen ich mich allein und beschämt gefühlt habe. Wenn mein Kind seine Gefühle losgelassen hat, gebe ich ihm Bestätigung. Ich sage zum Beispiel:

»*Du bist sehr liebenswert, und ich werde immer hier sein und dir helfen, mich um dich kümmern und dich lieben.*«

4. Schritt: Wenn ich wieder ruhig bin, wähle ich die Absicht, von meiner Höheren Macht zu lernen. Ich sage meinem Kind die Wahrheit über die falschen Glaubensmuster und entscheide mich für liebevolles Verhalten.

Zuerst sage ich meinem Kind die Wahrheit:

»*Mein süßes Kleines, die Wahrheit ist, daß du gut und liebevoll bist und daß deine Eltern dich bestraft haben, weil sie nicht wußten, wie sie dich oder sich selbst lieben sollten. Du konntest absolut nichts tun, um ihre Liebe zu erlangen. Du hättest das wunderbarste Kind auf Erden sein können, sie hätten dich trotzdem angebrüllt und dich geschlagen, weil sie selbst angebrüllt und geschlagen wurden und sie keine andere Möglichkeit sahen, mit ihren Gefühlen umzugehen. Und dasselbe trifft jetzt auf ______________________ (Name des Menschen, der Sie angebrüllt hat) zu. Wir haben keine Kontrolle darüber, wie ein anderer Mensch uns behandelt.«*

Dann sage ich meinem Kind, wie liebevolles Verhalten hier aussehen könnte:

»In dieser Situation kann ich mich liebevoll verhalten, wenn ich dem Menschen, der mich angebrüllt hat, sage, daß ich mich nicht länger anbrüllen lasse, daß ich erst dann wieder mit ihm sprechen werde, wenn er bereit ist, mit mir zusammen zu lernen.«

Daraufhin frage ich mein Kind, wie es sich fühlt. Wenn es inneren Frieden verspürt, bin ich mit meiner Forschungsreise am Ziel. Wenn es immer noch beunruhigt ist, werde ich so lange fortfahren, bis ich mich friedlich fühle.

5. Schritt: Das nächste Mal, wenn mich jemand anbrüllt, übe ich konsequent liebevolles Verhalten und sage diesem Menschen, daß ich mich nicht auf diese Weise behandeln lasse. Ich kann zu dem Menschen gehen, der mich ursprünglich angebrüllt hat, und ihm sagen, daß ich mich nicht länger anbrüllen lasse.

6. Schritt: Ich bewerte mein Handeln. Das Ergebnis ist, daß mein Kind sich von mir geliebt fühlt und auch das Gefühl hat, daß es mir wichtig ist.

Manchmal rufen aktuelle Situationen keine Probleme der Vergangenheit wach und sind dann einfach zu bewältigen. Aber wenn wir die am Anfang dieses Kapitels aufgelisteten Gefühle verspüren, ist es wichtig, in unsere Vergangenheit zu gehen und die Wurzeln jener Gefühle zu suchen. Wenn wir diese sechs Schritte durchführen, wann immer wir uns schlecht fühlen, kann das zur Heilung unserer alten Wunden führen.

9

Liebevolles Handeln

Wir haben Sie jetzt durch die ersten vier Schritte des Inner Bonding geführt:

1. sich die Gefühle Ihres inneren Kindes bewußt machen;
2. zum liebevollen Erwachsenen werden mit der Absicht zu lernen;
3. Dialog mit Ihrem inneren Kind: die Erfahrungen und falschen Glaubensmuster hinter den Gefühlen entdecken und die Vergangenheit betrauern;
4. Dialog mit Ihrer Höheren Macht: die Wahrheit sowie liebevolles Verhalten entdecken.

Es wird allerdings erst dann eine wirkliche Veränderung in Ihrem Leben eintreten, wenn Sie den fünften Schritt vollziehen: das liebevolle Handeln. Viele Menschen verbringen Jahre in der Therapie, werden sich ihrer Gefühle bewußt und lernen, warum sie sich so fühlen, wie sie sich fühlen, aber sie handeln nicht liebevoll für das innere Kind. Daher verändern diese Einsichten und Formen von Gefühlsausdruck weder ihr Selbstwertgefühl noch ihre Lebensqualität. Ihr inneres Kind wird sich erst dann wichtig, geliebt und liebenswert fühlen, wenn Sie bereit sind, für Ihr Kind auch zu handeln. Ohne das liebevolle Handeln auf seiten des Erwachsenen kann es keine wirkliche Heilung geben.

Auf gewisse Weise ist das liebevolle Handeln der schwierigste Schritt von allen, weil es uns mit dem konfrontiert, was wir am meisten fürchten: der Möglichkeit von Ablehnung und Einsamkeit.

Was bedeutet liebevolles Handeln?

Erstens bedeutet es, den Dialog regelmäßig durchzuführen. Sie werden erst dann wissen, welche Handlungen Ihrem Kind Freude oder Linderung des Schmerzes bringen, wenn Sie jeden Tag wissen, was Ihr Kind wirklich will.

Zweitens bedeutet es, schnellstmöglich in den Dialog zu treten, wenn Sie sich gestreßt, ängstlich, sorgenvoll, verletzt oder enttäuscht fühlen oder andere beunruhigende Gefühle haben. Ihr Kind wird sich erst dann geliebt und wichtig fühlen, wenn Sie sich dieser Gefühle bewußt sind, wenn Sie herausfinden, was sie verursacht, und dann etwas tun, um die Situation zu bessern.

Drittens bedeutet es, alles, was nötig ist, zu tun, um Freude zu bringen und Schmerz zu lindern. Darin liegt die wahre Herausforderung, denn die Menschen Ihrer Umgebung können sich bedroht oder wütend fühlen aufgrund der Dinge, die Sie Ihrer Meinung nach tun müssen, um sich selbst Freude zu bringen oder Schmerz zu lindern. Wenn Sie sich um sich selbst kümmern – ohne die Absicht, jemand anders zu schaden –, werden Sie ironischerweise häufig beschuldigt, selbstsüchtig oder egozentrisch zu sein oder sich nachlässig zu verhalten, insbesondere wenn Sie bislang am umsorgenden Ende des co-abhängigen Systems standen.

Wenn Sie durch eine unglückliche Beziehung, eine Arbeitsstelle, die Sie hassen, oder eine andere schwierige Lebenssituation Schmerz erleiden, kann eine Veränderung Ihrer Reaktion auf diese Situation oder das tatsächliche Verlassen sehr beängstigend sein. Das liebevolle Verhalten gegenüber unserem inneren Kind ist manchmal für uns am schwersten, nicht nur in Auseinandersetzungen mit anderen, sondern auch bei Auseinandersetzungen mit uns selbst.

Liebevolles Handeln in Konflikten mit anderen

Gegen Ende von Kapitel 3 führten wir einige Konfliktsituationen auf und baten Sie aufzuschreiben, wie Sie normalerweise auf solche Umstände reagieren. Jetzt möchten wir, daß Sie sich dieselben Umstände vornehmen. Sollten diese im Moment auf Sie zutreffen oder irgendwann einmal auf Sie zugetroffen haben, dann treten Sie in Dialog mit Ihrer Höheren Macht, und schreiben Sie auf, wie liebevolles Handeln gegenüber Ihrem inneren Kind in diesen Situationen hätte aussehen können. Auch wenn sie auf Sie nicht zutreffen, können Sie aufschreiben, wie Ihrer Meinung nach hier liebevolles Handeln aussehen würde, sollten Sie je in eine solche Situation kommen. Wenn Sie völlig festgefahren sind, können Sie bei den Musterantworten nachsehen, die wir im Anschluß an diesen Abschnitt vorstellen.

- Der Partner Ihrer wichtigsten Beziehung ist wütend auf Sie, weist Ihnen die Schuld zu oder entzieht sich Ihnen.

- Ihr Chef brüllt Sie an.

- Sie erhalten einen Strafzettel.

➢ Jemand, der Ihnen nahesteht, hat gerade eine Sache erfolgreich abgeschlossen, während Sie vor kurzem bei etwas gescheitert sind.

➢ Ihre Kinder sind wütend auf Sie.

➢ Ihre Kinder schneiden in der Schule schlecht ab.

- Ihre Eltern oder Ihre Geschwister haben Sie auf irgendeine Weise betrogen – sie haben anderen Familienmitgliedern Dinge erzählt, bei denen Sie ausdrücklich um Verschwiegenheit baten, oder haben Sie auf andere Weise enttäuscht.

- Ihr Angestellter, der normalerweise äußerst kompetent ist, hat einen ziemlich schwerwiegenden Fehler gemacht.

- Ihre beste Freundin flirtet mit Ihrem Partner. Ihr bester Freund macht sich an Ihre Partnerin heran.

- Sie verlieren bei einem Spiel oder eine Wette.

- Sie finden heraus, daß Sie sich bei einer Sache, bei der Sie sich absolut sicher waren, geirrt haben.

- Sie finden heraus, daß Ihr Partner eine Affäre hat.

- Ihr Partner möchte mit Ihnen schlafen. Sie haben keine Lust, wissen aber, daß er (oder sie) verletzt oder wütend sein wird, wenn Sie sich tatsächlich verweigern.

- Ihre Eltern wünschen Ihre Teilnahme an einem Familienfest, Sie möchten nicht hingehen.

- Ein Freund oder ein Familienmitglied, normalerweise sehr unzuverlässig, möchte sich Geld von Ihnen borgen.

➢ (Nur für Frauen) Sie sind zu Hause geblieben, solange Ihre Kinder noch klein waren. Nun möchten Sie zurück zu einer Ausbildung oder Berufstätigkeit, aber Ihr Ehemann ist dagegen.

____

____

____

____

____

____

____

➢ Ihr Ehepartner beschließt, sich von Ihnen zu trennen. Sie wollen jedoch keine Scheidung.

____

____

____

____

____

____

____

Jetzt werden wir uns diese Situationen näher ansehen und für jede einzelne Lösungsvorschläge anbieten. Wie schon an früherer Stelle erwähnt, ist das liebevolle Verhalten ein zutiefst kreativer Vorgang, und es gibt niemals *die* richtige Antwort.

Der Partner Ihrer wichtigsten Beziehung ist wütend auf Sie, weist Ihnen die Schuld zu oder entzieht sich Ihnen:

Wenn mein Partner wütend auf mich ist oder mich beschuldigt, kann ich eine Grenze ziehen und sagen: »Ich lasse mir nicht einfach die Schuld geben oder mich beschimpfen. Wenn du offen bist, etwas zu lernen, dann laß uns darüber sprechen.« Dann gehe ich weg. Wenn mein Partner sich von mir zurückzieht, kann ich mit meinem inneren Kind in Dialog treten und herausfinden, was mein Kind von mir braucht, um sich in Frieden zu fühlen: einen Freund anrufen und spielen gehen, ein Buch lesen, Sport treiben usw. Ich kann mein inneres Kind darüber hinaus wissen lassen, daß ich für die Gefühle meines Partners nicht verantwortlich bin und daß ich mein inneres Kind immer noch liebe, gleichgültig, was mein Partner sagt. Ich kann meinem Kind dabei helfen, das Verhalten meines Partners nicht persönlich zu nehmen, und ich kann mein Kind wissen lassen, daß das Verhalten meines Partners in seiner Entscheidung liegt – daß ich es nicht verursacht habe und es auch nicht kontrollieren kann. Ich kann die Gefühle meines Kindes erforschen und etwas über die Erfahrungen der Vergangenheit sowie die daraus entstandenen falschen Glaubensmuster aus der Kindheit, die die derzeitigen Gefühle meines Kindes erschaffen, lernen. Ich kann meinem Kind erlauben, allen Schmerz und alle Wut auf angemessene Art und Weise freizusetzen, indem es weint und auf das Bett mit einem Kissen einschlägt, anstatt zuzulassen, daß es in seinem Schmerz oder in Wut auf meinen Partner versinkt.

Ihr Chef brüllt Sie an:

Ich kann eine Grenze ziehen und meinem Chef sagen, daß ich es nicht mag, angebrüllt zu werden, daß ich aber bereit bin – in der Absicht zu lernen –, das Problem mit ihm durchzusprechen. Ich kann mein Kind wissen lassen, daß die Tatsache, daß mein Chef mich anbrüllt, nicht bedeutet, daß ich ein schlechter Mensch bin. Ich kann erforschen, was das Verhalten meines Chefs aus der Vergangenheit wachruft – ob mein Chef mich an meine Eltern erinnert –, und ich kann die Glaubensmuster erforschen, die ich darüber habe. Wenn mein Chef mich auch dann noch schlecht behandelt, wenn ich ihm wiederholt feste Grenzen gezogen habe, muß ich eventuell einen Arbeitsplatzwechsel in Betracht ziehen, wenn das möglich ist. Wenn das nicht möglich erscheint, dann muß ich meinem Kind weiterhin versichern, daß das Verhalten meines Chefs nichts mit meinem Wert oder meiner Liebenswürdigkeit zu tun hat. Ich muß weiter erforschen, welches Ereignis meiner Vergangenheit durch das Verhalten meines Chefs aktiviert wird. Ich kann meinem Kind erlauben, allen Schmerz und alle Wut auf angemessene Art und Weise freizusetzen, wobei ich ihm allerdings nicht gestatte, diese Gefühle an meinem Partner, an meinen Kindern oder an Haustieren auszulassen.

Sie erhalten einen Strafzettel:

Ich kann mein Kind wissen lassen, daß ein Fehler mich nicht zum schlechten Menschen macht und daß ich, der Erwachsene, verantwortlich für meinen Fahrstil bin. Ich kann mein Kind wissen lassen, daß ein Strafzettel mir nichts von meinem Wert als Mensch nimmt. Ich kann alle Gefühle der Gegenwart erforschen, die eventuell alte, an die Vergangenheit gebundene Gefühle auslösen, und die Gefühle der Gegenwart mit früheren Erfahrungen und den daraus resultierenden Glaubensmustern in Verbindung bringen. Ich kann die Wut meines Kindes auf den Polizisten auf eine angemessene Art und Weise freisetzen (im Auto schreien, nachdem der Polizist gegangen ist, oder auf das Bett mit einem Kissen einschlagen, wenn ich nach Hause komme) und gleichzeitig mein Kind wissen lassen, daß es nicht durch die Schuld des Polizisten einen Strafzettel bekommen hat. Ich kann mein Kind auch wütend auf mich selbst werden lassen, weil ich nicht aufmerksamer war.

Jemand, der Ihnen nahesteht, hat gerade eine Sache erfolgreich abgeschlossen, während Sie vor kurzem bei etwas gescheitert sind:

Ich kann die Glaubensmuster meines Kindes in bezug auf Versagen erforschen und untersuchen, wodurch sie in der Vergangenheit begründet wurden. Ich kann mein Kind die Gefühle des Schmerzes und der Wut auf angemessene Art und Weise freisetzen lassen. Ich kann die Wahrheit einbringen – daß Scheitern ein Teil des Lernens ist und mir nichts von meinem Wert nimmt. Ich kann mich öffnen und von dem anderen Menschen lernen, wie er oder sie Erfolg hatte. Ich kann meinem Kind versichern, daß ich es immer noch liebe, und dem Menschen, der Erfolg hatte, gratulieren und ihn unterstützen. Wenn ich dem anderen meine Liebe anbiete anstatt meine Wut oder meinen Neid, fühle ich mich liebenswert.

Ihre Kinder sind wütend auf Sie:

Wenn meine Kinder klein sind, kann ich davon ausgehen, daß sie guten Grund haben, auf mich wütend zu sein. Ich kann mich öffnen und von ihnen lernen; ich kann einfühlsam auf ihre Gefühle hören, bis ich sie ganz verstehe, und mich trotzdem nicht von ihrer Wut mißbrauchen lassen. Dann kann ich etwas tun, um die Situation zu bereinigen. Wenn meine Kinder älter sind, kann ich ihnen vermitteln, daß ich mich nicht beschimpfen lasse, daß ich jedoch offen bin, mit ihnen zu lernen.

Ihre Kinder schneiden in der Schule schlecht ab:

Als erstes kann ich meinem inneren Kind versichern, daß die Leistungen meiner Kinder überhaupt nichts über meinen Wert als Mensch aussagen. Als nächstes kann ich davon ausgehen, daß meine Kinder aus gutem Grund so schlecht abschneiden – Gründe, die mit ihrem Zuhause, mit der Schule, mit Lernschwierigkeiten oder mit gesundheitlichen Problemen zu tun haben –, und ich kann offen sein, zusammen mit meinen Kindern diese Gründe zu erforschen. Dann kann ich entsprechende Maßnahmen ergreifen, um die Situation zu bereinigen. Wenn mein inneres Kind fürchtet, von anderen verurteilt zu werden, kann ich diese Ängste erforschen, sie mit den Erfahrungen und Glaubensmustern der Vergangenheit in Verbindung bringen und so die Wahrheit hereinlassen. Wenn mein inneres Kind wütend auf meine Kinder ist, kann ich mein Kind seinen Ärger auf angemessene Art und Weise freisetzen lassen und dabei sicherstellen, daß meine Kinder mich nicht hören.

Ihre Eltern oder Ihre Geschwister haben Sie auf irgendeine Weise betrogen – sie haben anderen Familienmitgliedern Dinge erzählt, bei denen Sie ausdrücklich um Verschwiegenheit baten, oder haben Sie auf andere Weise enttäuscht:

Ich kann meinem Kind sagen, daß das Verhalten meiner Angehörigen nicht durch mich verursacht wurde und nichts über meinen Wert oder meine Liebenswürdigkeit aussagt. Ich kann alte Gefühle aus der Vergangenheit erforschen, die in mir wachgerufen wurden, und den Schmerz der Gegenwart und der Vergangenheit loslassen. Ich kann offen sein, mit ihnen gemeinsam zu lernen, warum sie die Entscheidungen, die sie trafen, getroffen haben. Ich kann sicherstellen, daß ich in Zukunft nicht wieder in diese Lage komme.

Ihr Angestellter, der normalerweise äußerst kompetent ist, hat einen ziemlich schwerwiegenden Fehler gemacht:

Ich kann offen sein und lernen, was in meinem Angestellten vorgeht, und herausfinden, ob das Problem persönlicher Natur ist oder mit seiner Arbeit zusammenhängt. Wenn es mit der Arbeit zusammenhängt, können wir Wege suchen, die Situation zu bereinigen. Wenn es persönlich ist, kann ich meinen Angestellten dabei unterstützen, die Hilfe, die er zur Bewältigung dieses Problems benötigt, zu erhalten.

Ihre beste Freundin flirtet mit Ihrem Partner. Ihr bester Freund macht sich an Ihre Partnerin heran:

Zuerst kann ich die Gefühle meines inneren Kindes über diesen Treuebruch erforschen und prüfen, ob alte Probleme aktiviert wurden. Ich kann meinem Kind erlauben, die Wut und den Schmerz auf angemessene Art und Weise freizusetzen. Dann kann ich offen sein und sowohl mit meiner Freundin/meinem Freund als auch mit meinem Partner/meiner Partnerin lernen zu verstehen, warum dies geschah. Ich kann mich entscheiden, ob ich mit diesem Menschen befreundet bleiben will, und wenn ich beschließe, die Freundschaft beizubehalten, kann ich entsprechende Grenzen ziehen. Ich kann zusammen mit meinem Partner erforschen, was er bzw. sie von dieser Situation hält.

Sie verlieren bei einem Spiel oder eine Wette:

Wenn sich mein Kind schlecht fühlt, kann ich diese Gefühle erforschen und aufdecken, welche Erfahrungen aus der Vergangenheit und welche falschen Glaubensmuster diese schlechten Gefühle verursachen. Ich kann meinem Kind versichern, daß sein Wert und seine Liebenswürdigkeit nicht vom Gewinnen abhängen – daß ich mein Kind weiterhin lieben werde, gleichgültig, ob es gewinnt oder verliert. Ich kann mein Kind die vielen Dinge wissen lassen, die ich an ihm schätze und die nichts damit zu tun haben, ob man ein Spiel bzw. eine Wette gewinnt oder verliert.

Sie finden heraus, daß Sie sich bei einer Sache, bei der Sie sich absolut sicher waren, geirrt haben:

Ich kann die Glaubensmuster meines Kindes über Irrtum erforschen. Glaubt mein Kind, daß sich zu irren bedeutet, es sei schlecht, unwert oder nicht liebenswert? Wenn ja, warum? Welche Erfahrungen der Vergangenheit haben dieses falsche Glaubensmuster erschaffen? Ich kann mein Kind die Wahrheit wissen lassen: daß ein Irrtum oder ein Fehler nichts zu tun hat mit Wert oder Liebenswürdigkeit und daß ich es weiterhin lieben werde. Ich kann meinem Kind helfen, sich zu befreien, indem ich ihm die Erlaubnis gebe, sich zu irren. Ich kann gegenüber anderen zugeben, daß ich mich geirrt habe, und sogar darüber lachen, anstatt mich selbst dafür zu beschimpfen.

Sie finden heraus, daß Ihr Partner eine Affäre hat:

Ich kann für mein Kind dasein, für seine Gefühle des Schmerzes, des Betrugs und des Verlassenseins, und ich kann meinem Kind angemessenen Raum geben, um den Schmerz und die Wut freizusetzen oder sogar den Zorn, der eventuell hochkommt. Ich kann erforschen, ob diese Situation Erfahrungen der Verlassenheit und des Betrugs aus der Vergangenheit aktivieren, die in meiner Familie möglicherweise aufgetreten sind. Ich kann meinem Kind versichern, daß die Entscheidung meines Ehepartners nichts mit meinem Wert und meiner Liebenswürdigkeit zu tun hat. Wenn ich Schmerz und Wut freigesetzt und den Punkt wahrer Offenheit erreicht habe und die Absicht habe zu lernen, kann ich mit meinem Partner die Gründe, die zu seiner Entscheidung führten, erforschen. Hat es mit mir persönlich zu tun oder mit etwas, an das es in unserer Beziehung mangelt? Oder betrifft es ausschließlich meinen Ehepartner? Wie auch immer, ich kann mehr über mich selbst und meinen Ehepartner lernen. An einem gewissen Punkt werde ich mit meinem Kind zusammen erforschen müssen, wie ich am besten für mein Kind sorgen kann: indem ich in der Beziehung bleibe oder indem ich die Bindung löse.

Ihr Partner möchte mit Ihnen schlafen. Sie haben keine Lust, wissen aber, daß er (oder sie) verletzt oder wütend sein wird, wenn Sie sich verweigern:
Ich kann mein Kind wissen lassen, daß es gute Gründe dafür hatte, keine Lust auf Sex zu haben, und daß ich für die Gefühle meines Partners nicht verantwortlich bin. Ich kann offen dafür sein, mehr über meine eigenen Gefühle und Beweggründe zu lernen und mit meinem Partner zusammen erforschen, ob auch er offen ist. Wenn mein Partner verschlossen bleibt, kann ich mein Kind fragen, was es von mir möchte, um sich gut zu fühlen. Müssen wir aufstehen und in einen anderen Raum gehen? Müssen wir einfach einschlafen? Müssen wir etwas anderes tun, beispielsweise ein Buch lesen? Müssen wir weiter miteinander sprechen? Ich kann meinem Kind versichern, daß es das Recht hat, nein zu sagen, daß mein Körper mir gehört und nicht meinem Partner und daß mein Partner die Verantwortung für seine eigenen Gefühle trägt.

Ihre Eltern wünschen Ihre Teilnahme an einem Familienfest, aber Sie möchten nicht hingehen:

Ich kann mein Kind wissen lassen, daß es das Recht und die Freiheit hat, nein zu sagen, daß wir nicht verpflichtet sind, etwas zu tun, nur weil jemand anders das von uns wünscht. Wenn ich mit meinen Eltern darüber spreche, kann ich mich vor mein Kind stellen, damit nur mein Erwachsener mit der Situation umgeht, und ich kann deutlich sagen, daß ich nicht gehen will. Wenn meine Eltern böse werden, kann ich eine Grenze ziehen und sagen: »Ich lasse mich für meine Entscheidung nicht beschimpfen.« Wenn meine Eltern darauf beharren, mich zu beschimpfen, kann ich den Hörer einhängen oder aufstehen und mich aus dem Gespräch zurückziehen. Wenn meine Eltern aus der wahren Absicht zu lernen heraus wissen wollen, warum ich das tue, kann ich ihnen den Grund sagen, nachdem ich ihn zuvor zusammen mit meinem Kind herausgefunden habe.

Ein Freund oder ein Familienmitglied, normalerweise sehr unzuverlässig, möchte sich Geld von Ihnen borgen:

Ich kann mein Kind wissen lassen, daß es nicht dazu verpflichtet ist, irgend jemandem Geld zu leihen, daß ich das Recht habe, nein zu sagen. Dann kann ich mich vor mein Kind stellen, meinen Erwachsenen die Situation übernehmen und ihn mit Festigkeit sagen lassen, daß ich nicht bereit bin, diesem Menschen Geld zu leihen. Wenn dieser Mensch ausfallend wird, kann ich das Gespräch umgehend beenden. Wenn dieser Mensch wissen will, warum, kann ich ihm die Wahrheit darüber sagen, was ich vom Geldverleihen im allgemeinen halte oder was ich davon halte, diesem bestimmten Menschen Geld zu leihen.

(Nur für Frauen) Sie sind zu Hause geblieben, solange Ihre Kinder noch klein waren. Nun möchten Sie zurück zu einer Ausbildung oder Berufstätigkeit, aber Ihr Ehemann ist dagegen:

Wenn mein Ehemann mich für das, was ich will, beschimpft und mir sagt, ich sei selbstsüchtig, kann ich eine Grenze ziehen und ihm sagen, daß ich mich nicht beschimpfen lasse und daß ich mit ihm nur dann darüber sprechen werde, wenn er offen ist, zu lernen und sich um mich zu kümmern. Ich kann mein Kind wissen lassen, daß ich das Recht habe, das zu wollen, was ich will, auch wenn mein Ehemann dadurch beunruhigt ist, und daß er für seine eigenen Gefühle verantwortlich ist. Ich kann mit den falschen Glaubensmustern meines Kindes – daß die Gefühle meines Ehemanns ihm zuzuschreiben seien und daß es selbstsüchtig sei, das zu tun, was es will – so lange arbeiten, bis sowohl mein erwachsenes Kind als auch mein Kind wissen, daß ich das Recht habe, zu arbeiten oder zu lernen oder all das zu tun, was mich glücklich macht. Dann kann ich losziehen, es tun und weiterhin Grenzen ziehen in bezug auf Scham und Schuld. Ich kann mein Kind auch wissen lassen, daß ich für es sorgen werde, wenn mein Ehemann beschließt, mich zu verlassen. Wenn ich glaube, daß dies möglich ist, kann ich meine Ängste vor dem Alleinsein erforschen. Wenn mein Kind Angst davor hat, emotional von mir vernachlässigt zu werden, dann wird die konsequente Arbeit mit dem Inner Bonding diese Angst schließlich auflösen. Wenn mein Kind Angst davor hat, ich würde die Kinder und mein inneres Kind finanziell vernachlässigen, und diese Angst realistisch ist, dann werde ich in diesem Bereich erst die Fundamente legen müssen, bevor ich die Freiheit fühle, mich wirklich um mich kümmern zu können und das zu tun, was ich auch tun will.

Ihr Ehepartner beschließt, sich von Ihnen zu trennen. Sie wollen jedoch keine Scheidung:

Ich kann meinem Kind eine Bühne geben, entweder allein oder mit einem Therapeuten, auf der es Wut, Schmerz und Trauer freisetzen kann. Ich kann mein Kind auf vielfältige Weise wissen lassen, daß es wertvoll und liebenswert ist, auch wenn mein Ehepartner die Scheidung will. Ich kann mein Kind wissen lassen, daß ich für es sorgen werde. Wenn ich offen dafür sein kann, mit meinem Ehepartner zu lernen, kann ich die Gründe erforschen, warum er die Beziehung nicht länger will und welche Rolle ich dabei gespielt habe, die Beziehung zerbrechen zu lassen. Ich kann diese schwierige Situation nutzen und mehr über mich selbst lernen, damit ich in meiner nächsten Beziehung nicht noch einmal dieses System erschaffe.

Wenn wir unserem inneren Kind im Konflikt mit anderen beistehen wollen, so heißt das:

1. Wir stellen uns vor unser Kind und gehen aus der Position unseres Erwachsenen heraus mit dem Konflikt um.
2. Wir verfolgen die Absicht, mehr über uns selbst und andere zu lernen.
3. Wenn der andere verschlossen bleibt, ziehen wir angemessene Grenzen, indem wir die Interaktion so lange unterbrechen, bis der andere sich öffnet. Wir lassen den anderen wissen, daß wir uns nicht beschimpfen und uns nicht die Schuld zuweisen lassen.
4. Wir erforschen mit unserem inneren Kind allen Schmerz, der als Ergebnis des Konfliktes hochkommt.

Liebevolles Verhalten bei Konflikten mit sich selbst

Häufig hat der Konflikt, in dem wir uns befinden, nichts mit anderen zu tun. Statt dessen findet der Konflikt zwischen unserem eigenen erwachsenen Kind und unserem inneren Kind statt. Wir leiden unter Umständen, weil wir unser inneres Kind ignoriert oder ihm allzu freie Hand gelassen haben (als nachlässiges inneres Elternteil) oder indem wir unser inneres Kind kontrolliert bzw. beschimpft haben (als autoritäres inneres Elternteil).

Treten Sie für jede der folgenden Situationen in den Dialog mit Ihrer Höheren Macht, und schreiben Sie auf, wie das liebevolle Verhalten gegenüber Ihrem inneren Kind aussehen könnte. Auch wenn Sie niemals in einem solchen inneren Konflikt standen, können Sie aufschreiben, wie Sie Ihrer Meinung nach liebevoll handeln könnten, sollten Sie jemals in eine solche Situation geraten. Wenn Sie nicht weiterkommen, können Sie einen Blick auf die Musterantworten werfen, die wir im darauffolgenden Abschnitt aufgelistet haben.

➢ Sie haben wenig Geld.

____

____

____

____

____

- Sie haben beschlossen abzunehmen, aber am liebsten würden Sie auf dem Heimweg ein paar süße Kuchenstücke vom Bäcker mitnehmen.

- Sie haben beschlossen, früh aufzustehen und Sport zu treiben, aber am Morgen drehen Sie sich um und schlafen weiter. Später ärgern Sie sich über sich selbst.

- Sie müssen dringend eine bestimmte Arbeit erledigen, aber am liebsten würden Sie sich hinlegen und einen Roman lesen.

➢ Sie verdienen in Ihrem Beruf sehr gut, aber Sie hassen Ihre Arbeit.

➢ Ihr inneres Kind möchte einen Hund, aber Ihr Erwachsener bzw. Ihr erwachsenes Kind scheut die Verantwortung.

➢ Ihr inneres Kind möchte Klavier spielen lernen, aber Ihr Erwachsener bzw. Ihr erwachsenes Kind glaubt, daß Sie nicht genügend Geld haben, um ein Klavier zu kaufen und Klavierstunden zu nehmen.

- Ihr inneres Kind will mehr Zeit zum Spielen und um seinen Hobbys und anderen Interessen nachzugehen, aber Ihr erwachsenes Kind glaubt, Sie sollten Ihre Zeit mit Arbeit verbringen und für andere dasein.

- Ihr inneres Kind wünscht sich mehr Zeit für sich selbst, aber Ihr Erwachsener bzw. Ihr erwachsenes Kind glaubt, daß Sie mehr Zeit mit Ihrer Familie verbringen sollten.

- Es gibt etwas, was Sie liebend gern kaufen würden, aber Sie können es sich nicht leisten.

Wir nehmen uns nun wieder jede dieser Situationen vor und geben auf jede eine mögliche Antwort. Denken Sie daran, daß es niemals nur eine einzige richtige Antwort gibt. Wenn Sie Inner Bonding praktizieren und immer tiefer in diesen Prozeß eindringen, werden Sie in der Lage sein, neue und kreative Antworten zu finden, die für Sie absolut richtig sind und funktionieren.

Sie haben wenig Geld:

Wenn ich zuviel Geld ausgebe, kann ich erforschen, warum ich mein Kind durch einen solchen Kaufrausch verwöhne. Läßt sich das auf Verhaltensmuster zurückführen, die ich in meiner Familie gelernt habe? Waren meine Eltern verschwenderisch gegenüber sich selbst bzw. mir gegenüber? Oder waren Sie genau das Gegenteil, und ich lehne mich nun dagegen auf? Ich kann auch Schritte unternehmen, um zu sparen. Ich kann Möglichkeiten finden, mehr Geld zu verdienen, und ich kann die Glaubensmuster erforschen, die möglicherweise mein Potential, Geld zu verdienen, begrenzen. Wenn ich mir diese Glaubensmuster näher ansehe, führt mich das eventuell zu Gefühlen und Erfahrungen der Vergangenheit, die ich erforschen kann. Ich kann andere Menschen um Rat fragen, wie ich besser mit Geld umgehe. Ich kann meinem Kind versichern, daß wenig Geld zu haben seinem Wert oder seiner Liebenswürdigkeit keinen Abbruch tut – daß es die Aufgabe des Erwachsenen ist, sich um das Geld zu kümmern und daß ich mich bemühen werde, mich besser um mein inneres Kind zu kümmern. Ich kann meinem Kind erlauben, die Gefühle von Schmerz und Angst auf angemessene Art und Weise freizusetzen, und ich kann meinem Kind erlauben, die Wut auf mich, das erwachsene Kind, loszulassen, wenn ich mich nicht gut um mein Kind gekümmert habe.

Sie haben beschlossen abzunehmen, aber am liebsten würden Sie auf dem Heimweg ein paar süße Kuchenstücke vom Bäcker mitnehmen:

Ich kann den Wagen anhalten und an Ort und Stelle mit meinem inneren Kind in Dialog treten und erforschen, warum es das Gefühl hat, sich mit Kuchen vollstopfen zu müssen. Fühlt sich mein Kind einsam? Habe ich mein Kind vernachlässigt? Sind das Gefühle des aktuellen Tages, die mein Kind ausdrücken und freisetzen muß? Kann es sein, daß ich mich heute nicht genügend um mein Kind gekümmert habe? Gibt es alte Probleme, die ich durch Nahrungsmittel zu umgehen versuche – beispielsweise ein Mißbrauch in meiner Kindheit? Benutze ich Nahrungsmittel, um meine Gefühle der Angst und der Einsamkeit zu ersticken? Bin ich in einem auflehnenden und rebellierenden Muster in bezug auf Nahrungsmittel gefangen? Anstatt diesen Gefühlen aus dem Weg zu gehen und mein Kind zu verwöhnen, indem ich es mit Nahrungsmitteln vollstopfe, kann ich die Verantwortung übernehmen und mein Kind mit meiner Liebe und der Liebe meiner Höheren Macht erfüllen.

Sie haben beschlossen, früh aufzustehen und Sport zu treiben, aber am Morgen drehen Sie sich um und schlafen weiter. Später ärgern Sie sich über sich selbst.

Ich kann mit meinem Kind zusammen herausfinden, wer wirklich trainieren will: mein Erwachsener oder mein Kind. Vielleicht wollen beide Sport treiben, aber mein Erwachsener hat eine Trainingsform gewählt, die mein Kind nicht mag. Vielleicht würde mein Kind lieber Tennis spielen oder tanzen, anstatt mit Gewichten zu trainieren. Vielleicht wollen wirklich beide trainieren, aber mein erwachsenes Kind will mein inneres Kind verwöhnen und läßt es ausschlafen, was ihm in Wirklichkeit gar nicht guttut. Vielleicht überfordere ich mich selbst aber auch zu sehr und bekomme nicht genug Schlaf. Vielleicht schätze ich mein Kind und somit auch meinen Körper gar nicht so sehr, als daß ich mich wirklich gut um beide kümmern würde. Wenn dem so ist, dann ist das der Bereich, an dem ich ansetzen muß. Wenn ich in Dialog mit meinem Kind und meiner Höheren Macht trete, kann ich Antworten auf diese Fragen finden.

Sie müssen dringend eine bestimmte Arbeit erledigen, aber am liebsten würden Sie sich hinlegen und einen Roman lesen:

Ich kann in Dialog mit meinem Kind treten und erforschen, ob Arbeit und Freizeit in meinem Leben ausgeglichen sind. Wenn nicht, dann muß ich mich darum kümmern, hier ein besseres Gleichgewicht zu erzielen. Sollte in dieser Beziehung alles stimmen, verwöhne ich dann mein Kind dadurch, daß ich meine Arbeit nicht erledige? Schiebt mein erwachsenes Kind Dinge auf? Oder haßt mein Kind die Arbeit, die ich tue? Wenn das der Fall ist, kann ich in bezug auf meine Arbeitssituation einen intensiven Dialog führen. Vielleicht muß ich mit meinem Kind verhandeln und entscheiden, wann wir arbeiten und wann wir uns entspannen und lesen, und dann das, was wir ausgemacht haben, umsetzen.

Sie verdienen in Ihrem Beruf sehr gut, aber Sie hassen Ihre Arbeit:

Ich kann mit meinem Kind andere Arbeitsmöglichkeiten erforschen. Das kann über längere Zeit hinweg stattfinden. Ich muß mich eventuell mit anderen Berufen vertraut machen, einen Berufsberater aufsuchen oder wieder zur Schule gehen. Vielleicht gibt es auch eine Möglichkeit, meinen jetzigen Beruf interessanter zu gestalten. Vielleicht liegt es nicht so sehr am Beruf selbst, sondern daran, daß ich mich in meinem Berufsleben nicht genügend um mein inneres Kind kümmere. Ich muß meine Glaubensmuster und Einstellungen in bezug auf die Arbeit bzw. wie ich mit anderen Menschen an meinem Arbeitsplatz umgehe erforschen. Ich muß vielleicht mehr spielerische Freiräume einbauen, damit mein Kind meine Arbeit akzeptieren kann.

Ihr inneres Kind möchte einen Hund, aber Ihr Erwachsener bzw. Ihr erwachsenes Kind scheut die Verantwortung:

Ich kann mit meinem Kind seine Gefühle in bezug auf ein Haustier erforschen, und ich kann meine Gefühle als Erwachsener in bezug auf die Verantwortung erforschen. Wenn es wirklich zu schwierig ist, einen Hund zu halten, akzeptiert mein Kind vielleicht ein anderes Haustier, eines, das nicht soviel Aufmerksamkeit erfordert. Vielleicht muß ich mit meinem erwachsenen Kind meine Gefühle in bezug auf Verantwortung erforschen, darüber, was ich mir selbst gebe.

Ihr inneres Kind möchte Klavierspielen lernen, aber Ihr Erwachsener bzw. Ihr erwachsenes Kind glaubt, daß Sie nicht genügend Geld haben, um ein Klavier zu kaufen und Klavierstunden zu nehmen.

Ich könnte prüfen, ob ich nicht ein Klavier leihen und Gruppenstunden nehmen kann. Ich kann versuchen, das Klavier eines Freundes zu benutzen oder mit einem kleinen Keyboard anzufangen, das ich eventuell sogar gebraucht kaufe. Ich kann meine Angst vor dem Versagen erforschen, die vielleicht die Erfüllung des Wunsches meines Kindes blockiert. Ich kann meine Glaubensmuster erforschen, die besagen, ich würde nicht verdienen, das zu bekommen, was ich möchte.

Ihr inneres Kind will mehr Zeit zum Spielen und um seinen Hobbys und anderen Interessen nachzugehen, aber Ihr erwachsenes Kind glaubt, Sie sollten Ihre Zeit mit Arbeit verbringen und für andere dasein.

Ich kann die Ängste erforschen, die ich davor habe, daß andere wütend auf mich sind, weil ich das tue, was ich möchte. Ich kann meine Angst davor erforschen, mein Kind würde das Steuer in die Hand nehmen, wenn ich es spielen lasse, und ich würde dann niemals etwas erreichen. Ich kann die Glaubensmuster erforschen, die ich darüber habe, ob ich Zeit zum Spielen überhaupt verdiene. Dann kann ich Maßnahmen ergreifen, Zeit dafür einplanen und einfach sehen, was geschieht.

Ihr inneres Kind wünscht sich mehr Zeit für sich selbst, aber Ihr Erwachsener bzw. Ihr erwachsenes Kind glaubt, daß Sie mehr Zeit mit Ihrer Familie verbringen sollten.

Ich kann in den Dialog mit meinem Kind treten und meine Überzeugungen erforschen, wofür ich verantwortlich bin und wofür nicht, sowie meine Überzeu-

gungen, ob ich selbstsüchtig bin, wenn ich mir Zeit für mich nehme. Achte und schätze ich mein Kind genug, um sicherzustellen, daß seine Bedürfnisse erfüllt werden? Habe ich Angst, meine Familie würde mich nicht genug lieben, um mich in meinen Bedürfnissen zu unterstützen? Sobald ich meine Ängste und Überzeugungen verstehe, kann ich Maßnahmen ergreifen und Zeit für mich selbst einplanen und einfach sehen, was geschieht.

Es gibt etwas, was Sie liebend gern kaufen würden, aber Sie können es sich nicht leisten:

Ich kann prüfen, ob ich meine Ausgaben kürzen und ein besonderes Sparkonto eröffnen kann, auf das ich jede Woche oder jeden Monat eine kleine Geldsumme einzahle, bis ich genug habe, um das, was ich will, zu kaufen. Ich kann nach anderen Möglichkeiten, Geld zu verdienen, Ausschau halten. Sobald ich beschlossen habe, wie ich das, was ich will, bekommen kann, verfolge ich konsequent diesen Plan.

Offensichtlich bleiben wir so lange in unserem Unglück gefangen, bis wir bereit sind, unseren Ängsten und Überzeugungen gegenüberzutreten, zu handeln und zu sehen, was geschieht. Wir alle haben viele Ängste und Glaubensmuster, die uns in Bewegungslosigkeit festhalten. Im nächsten Kapitel werden wir einige dieser Ängste und Überzeugungen näher betrachten.

10

Wenn man feststeckt: den Ängsten ins Gesicht sehen

Wir alle haben zahlreiche Blockierungen, die uns daran hindern, zum liebevollen Erwachsenen zu werden: Blockierungen unserer Absicht zu lernen, Blockierungen, die persönliche Verantwortung für unseren Schmerz und unsere Freude zu übernehmen. Diese Barrieren sind unsere Ängste und die falschen Glaubensmuster, die zu diesen Ängsten führten. Wenn wir in unserem Heilungsprozeß feststecken, wenn wir verstrickt sind in unserem Ego und unserem erwachsenen Kind, können wir uns selbst befreien, indem wir die Ängste und die falschen Glaubensmuster erforschen, die unseren Egozustand erschaffen.

Welche Ängste haben Sie hinsichtlich der Absicht, mit Ihrem inneren Kind und Ihrer Höheren Macht zu lernen oder Verantwortung für Ihr inneres Kind zu übernehmen? Kreuzen Sie jene Ängste an, die auf Sie zutreffen.

❑ Die Angst vor der Wut, die Ihr inneres Kind auf Sie hat:

Haben Sie Angst, die Wut zu hören, die Ihr inneres Kind auf Sie hat, weil Sie es so vernachlässigt haben?

❑ Die Angst vor der Wut, die Ihr inneres Kind auf andere hat:

Haben Sie Angst, daß Sie mit besserem Kennenlernen Ihres Kindes die Wut erfahren, die Ihr Kind auf andere hat? Haben Sie Angst davor, andere zu verletzen, wenn Sie sich Ihrer Wut öffnen? Wenn Sie niemals die Verantwortung dafür übernommen haben, Ihre Wut auf angemessene Art und Weise freizusetzen, wenn Sie sie immer auf andere abgeladen haben, fürchten Sie sich eventuell vor Ihrem Zorn oder Ihrer Gewalt. Sie müssen unbedingt lernen, daß Ihr Erwachsener Grenzen setzen kann, innerhalb derer Sie Ihre Wut auf andere ausleben, und ebenso kann er ein sicheres Umfeld schaffen, um alte und neue Wut freizusetzen und daraus zu lernen. Es besteht ein großer Unterschied zwischen verschlossener und offener Wut. Verschlossene Wut ist Wut, die auf Kosten anderer ausgelebt wird. Es ist die Wut eines Opfers, des erwachsenen Kindes. Offene Wut ist Wut, die auf angemessene Art und Weise freigesetzt wird, beispielsweise durch schreien und schlagen, wenn niemand in der Nähe ist. Sie führt zu einem Lernprozeß und zu persönlicher Verantwortung. Bei offener Wut ist der liebevolle Erwachsene gegenwärtig und offen für den Lernprozeß; bei verschlossener Wut hält das erwachsene Kind das Steuerruder in der Hand.

❑ Die Angst, den Schmerz Ihres Kindes zu erfahren:

Viele von uns besitzen zahlreiche falsche Glaubensmuster in bezug auf den Schmerz. Wie sehen Ihre falschen Glaubensmuster über den Schmerz aus? Kreuzen Sie diejenigen Punkte an, die auf Sie zutreffen.

❑ Ich kann mit meinem Schmerz nicht umgehen, insbesondere dem Schmerz der Ablehnung, der Zurückweisung oder der Verlassenheit; dem Schmerz, ausgeschlossen zu werden – dem Schmerz der Isolation und der Einsamkeit.
❑ Wenn ich mich meinem Schmerz öffne, werde ich zusammenbrechen, verrückt werden oder sterben.
❑ Wenn ich mich meinem Schmerz öffne, wird er ohne Ende sein.
❑ Sobald ich einmal anfange zu weinen, kann ich nie mehr aufhören.
❑ Schmerz zu zeigen ist ein Zeichen von Schwäche.
❑ Wenn die Leute mich weinen sehen, sinke ich in ihrer Achtung. Wenn ich weine, werde ich zurückgewiesen, oder die Leute denken, ich sei verrückt.
❑ Es will doch niemand wirklich etwas über meinen Schmerz erfahren.
❑ Niemand kann die Tiefe meines Schmerzes erfassen.
❑ Meine Probleme sind so trivial im Vergleich zu denen anderer Leute, daß ich kein Recht habe, Schmerz zu empfinden.
❑ Warum muß ich diesen Schmerz spüren? Es ist nicht meine Schuld, und ich sollte das nicht erleiden müssen.
❑ Es hat doch keinen Sinn, sich dem Schmerz zu öffnen. Das macht es auch nicht besser.
❑ Warum sollte ich die Vergangenheit wieder zum Leben erwecken? Was vergangen ist, ist vorbei und hat auf mich jetzt keinen Einfluß mehr.

Wenn wir die Absicht verfolgen zu lernen, sind wir bereit, unseren ursprünglichen Schmerz darüber zu fühlen, daß wir nicht so geliebt wurden, wie wir geliebt werden wollten; wir sind bereit, dem Schmerz unserer Einsamkeit ins Gesicht zu sehen. Wenn wir die Absicht verfolgen, uns zu schützen, wehren wir uns gegen die Erfahrung dieses ursprünglichen Schmerzes und gegen die Trauer, die wir fühlen, wenn wir uns darauf einlassen, wie wenig wir geliebt wurden.

Die Angst, die Kontrolle über die Menschen und Ereignisse zu verlieren, die uns Schmerzen verursachen, sowie die Angst, die Kontrolle über die Erfahrung des Schmerzes zu verlieren, sind die wichtigsten Blockierungen der Absicht, mit dem Kind zu lernen.

❑ Die Angst, die Wahrheit über Ihre Eltern herauszufinden – daß Sie von Ihren Eltern nicht geliebt wurden und vielleicht niemals geliebt werden:

Wenn unsere Eltern uns nicht geliebt haben, hatten wir nur zwei Möglichkeiten, um damit umzugehen. Erstens: Wir konnten beschließen, daß es unsere Schuld war – daß wir schlecht, unwert, befleckt, nicht liebenswert waren (Grundscham). Oder zweitens: Wir konnten erkennen, daß unsere Eltern unfähig waren, uns zu lieben. Wenn wir die Wahrheit gesehen hätten, daß unsere Eltern unfähig waren, uns zu lieben, und daß wir niemals die Liebe bekommen würden, die wir brauchten, hätte uns ein Gefühl der Hoffnungslosigkeit ergriffen. Angesichts dieser überwältigenden Hoffnungslosigkeit wären wir krank geworden oder hätten einen Unfall gehabt und wären gestorben. Daher beschlossen die meisten von uns, daß es unser Fehler war. Das gab uns die Hoffnung, wenn wir nur gut wären und die richtigen Dinge täten, würden wir geliebt. Wir wählten die Scham, um uns vor der Hoffnungslosigkeit und Verzweiflung der Wahrheit zu schützen. Das war damals eine lebensrettende bzw. den Verstand rettende Entscheidung, aber jetzt hält uns diese Entscheidung in unseren Schamgefühlen gefangen. Wir müssen die Wahrheit erkennen und über sie trauern, um offen zu sein, zu lernen und die Grundscham zu heilen.

❑ Die Angst davor, von unserem inneren Kind kontrolliert und betrogen zu werden:

Vielleicht befinden Sie sich, als erwachsenes Kind, in einem Machtkampf mit Ihrem inneren Kind aus Angst, wenn Sie sich dem Lernprozeß öffneten und sich um Ihr Kind kümmerten, würde es die Herrschaft an sich reißen und Sie kontrollieren. Wenn Sie einen der folgenden inneren Dialoge selbst irgendwann einmal geführt haben, ist das ein Hinweis darauf, daß sich Ihr erwachsenes Kind womöglich gegen Ihr inneres Kind wehrt. Kreuzen Sie die Punkte an, die Sie bei der Lektüre dieses Arbeitsbuches schon einmal zu sich selbst gesagt haben.

- ❑ Diese Übung ist wirklich zu dumm.
- ❑ Diese Theorie vereinfacht das Ganze zu sehr.
- ❑ Ich kaufe denen diesen Unsinn mit dem erwachsenen Kind nicht ab. Wofür halten die mich, für schizophren?
- ❑ Ich habe schon alle möglichen Therapien und Workshops ausprobiert. Nichts hat funktioniert. Warum sollte es hiermit besser sein? Also warum sich anstrengen? Es wird wahrscheinlich sowieso nicht funktionieren.
- ❑ Ich weiß nicht, wie ich mein Kind lieben kann.

Sie haben wahrscheinlich zahlreiche falsche Glaubensmuster über Ihr Kind, die Sie zu der Ansicht führen, Sie würden von Ihrem Kind kontrolliert oder betrogen. Wie sehen Ihre Überzeugungen in bezug auf Ihr Kind aus? Kreuzen Sie die zutreffenden Punkte an.

- ❑ Ihr Kind ist ein Unruhestifter und widerspenstig.
- ❑ Es muß immer nach dem Kopf Ihres Kindes gehen.
- ❑ Man kann Ihrem Kind nicht trauen. Es bringt Sie immer in Schwierigkeiten.
- ❑ Ihr Kind ist faul. Sie werden nie etwas erreichen, wenn Sie sich öffnen und mehr über Ihr Kind lernen.

Das mag vielleicht auf Ihr erwachsenes Kind zutreffen, nicht aber auf Ihr inneres Kind.

- ❑ Die Angst, für sich selbst, für Ihren Schmerz, Ihre Freude und Ihr Selbstwertgefühl verantwortlich zu sein, anstatt auch zu versuchen, durch die Liebe und die Bestätigung anderer Selbstwert zu erlangen:

Wie sehen die Überzeugungen Ihres erwachsenen Kindes in bezug darauf aus, was Ihnen ein Selbstwertgefühl gibt, den Schmerz lindert und Freude bringt? Kreuzen Sie die zutreffenden Punkte an:

- ❑ Ich bin am glücklichsten, wenn ich von möglichst vielen Menschen geliebt und bestätigt werde.
- ❑ Ich bin am glücklichsten, wenn ich die Liebe und die Bestätigung meines Partners erhalte.
- ❑ Ich bin glücklicher und mein Selbstwertgefühl ist größer, wenn ich Liebe erhalte, anstatt Liebe zu geben, wenn ich gesehen werde, anstatt zu sehen, wenn ich gehört werde, anstatt zu hören.
- ❑ Andere können mir den Mangel an Liebe, den ich als Kind erfahren habe, ersetzen, und es ist auch ihre Aufgabe, das zu tun. Wenn ich

verheiratet bin, ist es die Aufgabe meines Ehepartners, mich so zu lieben, wie ich von meinen Eltern niemals geliebt wurde, und wenn mein Partner es richtig macht, werde ich glücklich sein und ein hohes Selbstwertgefühl haben.

- ❑ Meinen Schmerz und mein geringes Selbstwertgefühl haben andere zu verantworten, weil sie mich nicht so lieben, wie sie das sollten.
- ❑ Meinen Schmerz und mein geringes Selbstwertgefühl hat mein Partner zu verantworten, weil er mich nicht so liebt, wie er das sollte.
- ❑ Es ist wichtiger, die Kontrolle über die Liebe und die Zuwendung anderer Leute zu haben und Ihre Mißbilligung zu vermeiden, als mich selbst zu lieben und zu bestätigen.
- ❑ Da ich unfähig bin, mich um mein eigenes inneres Kind zu kümmern, müssen andere das für mich tun.
- ❑ Gleichgültig, wie sehr ich mich liebe und mich um mich selbst kümmere, ich kann mich selbst niemals so glücklich machen, wie jemand anders bzw. etwas anderes das kann.
- ❑ Es ist nicht meine Aufgabe, mich selbst glücklich zu machen. Diese Aufgabe muß eine der folgenden Personen übernehmen:
  - ❑ meine Eltern
  - ❑ meine Kinder
  - ❑ mein Ehepartner
  - ❑ mein zukünftiger Ehepartner
  - ❑ mein Chef
  - ❑ meine Freunde
  - ❑ mein Therapeut, meine Therapeutin
  - ❑ ein Geistlicher
- ❑ Ich werde nur dann ein hohes Selbstwertgefühl haben, wenn ich finanziell erfolgreich bin.

- ❑ Die Angst, Sie könnten unfähig sein, einen wirklichen Erwachsenen zu entwickeln:

Wenn der einzige Erwachsene, dessen Sie sich bewußt sind, Ihr erwachsenes Kind ist, wenn Sie niemals die Vorstellung eines liebevollen Erwachsenen entwickelt haben und diesbezüglich auch kein Vorbild hatten, fürchten Sie eventuell, daß es unmöglich sei, einen wirklichen Erwachsenen zu entwickeln. Es ist sicher eine große Herausforderung, aber nicht unmöglich. Weil wir in bezug auf unsere Absicht die freie Wahl haben, können wir immer die Möglichkeit wählen zu lernen, wie man ein liebevoller Erwachsener wird.

- ❑ Die Angst vor der Enthüllung, daß Sie im tiefsten Innern schlecht, falsch oder unwert sind:

Wenn man Sie als Kind dafür beschimpft hat, daß Sie Sie selbst waren, fürchten Sie vielleicht, Sie würden, wenn Sie sich öffnen und mehr über Ihr Kind lernen, entdecken, daß Sie ein schlechter Mensch sind. Sie fürchten vielleicht, daß Ihr tiefstes Inneres schlecht sei, weil Sie etwas Schlechtes als Kind taten, wie beispielsweise Ihre Geschwister zu schlagen, zu stehlen oder Feuer zu legen, oder weil Sie als erwachsenes Kind schlechte Dinge getan haben. Sie müssen erkennen, was immer Sie an schlechten Dingen getan haben, um andere zu verletzen, kam daher, daß Sie nicht geliebt wurden – nicht von Ihren Eltern als Kind und nicht von Ihrem erwachsenen Kind als Erwachsener. Es hatte nichts damit zu tun, daß Sie im tiefsten Innern nicht liebenswert wären. Hinter all dem wütenden, verletzenden, schützenden Verhalten steckt ein liebenswertes Kind, aber Sie werden das erst verstehen, wenn Sie die Gelegenheit ergreifen und dieses Kind kennenlernen.

- ❑ Die Angst, auf einen inneren Konflikt zu stoßen und dann die Wahrheit zu wissen:

Ihr Kind will vielleicht Dinge, die Ihr erwachsenes Kind nicht will, und umgekehrt. Vielleicht geht es bei diesem Konflikt um die Art der Tätigkeit, der Sie nachgehen, ob Sie eine Familie wollen oder nicht, mit wem Sie Ihre Zeit verbringen wollen, ob Sie die Beziehung zu Ihrem Partner lösen sollen oder nicht, wo Sie gern leben würden. Diese Angst hat einen Grund: Wenn Sie nämlich wissen, was Sie von diesen Dingen wirklich halten, können Sie etwas daran ändern. Sie können diese inneren Konflikte nur durch die Absicht, mit Ihrem Kind und Ihrer Höheren Macht zu lernen, lösen. Wenn Sie zulassen, daß diese Konflikte weiterbestehen, ohne daß Sie sich mit ihnen befassen, wird Ihr Kind Sie schließlich durch eine körperliche Krankheit oder durch Depression sabotieren.

- ❑ Die Angst, beim Dialog zu versagen:

Manche Menschen fürchten, daß sie kein inneres Kind haben, daß sie innerlich leer sind. Sie haben Angst, wenn sie sich an dem Dialog versuchten, würde nichts geschehen. Andere Menschen zweifeln, daß sie einen Erwachsenen haben, wie schon an früherer Stelle erwähnt. Sie fürchten, sie seien unfähig, einen Erwachsenen zu entwickeln. Anstatt ein Scheitern zu risikieren, entscheiden Sie sich dafür, es gar nicht erst zu versuchen.

- Die Angst vor der Entdeckung, daß alles in Ihrer jetzigen oder in Ihren früheren Beziehungen Ihre Schuld ist, daß Sie im Unrecht waren:

Häufig sehen wir in unseren Beziehungen ganz deutlich, welche Verhaltensweisen der anderen das Problem verursachen. Wenn wir offen sind, mit unserem Kind zu lernen, finden wir heraus, daß unser eigenes Verhalten auch unser eigenes Unglück verursacht. Es hilft jedoch nichts, uns als »Schuldige« oder als »Irregeleitete« zu sehen. Statt dessen müssen wir erkennen, daß jeder von uns bei allen Interaktionen für seinen Part *verantwortlich* ist. Anstatt Schuld zuzuweisen, lernen wir, wie wir unser Verhalten ändern können, um unseren Schmerz zu lindern und uns selbst Freude zu bringen.

- Die Angst, aus einer Beziehung herauszuwachsen:

Viele Menschen fürchten, wenn sie sich dem Lernen öffneten und sich in Richtung auf ihre Ganzheit und persönliche Macht bewegten, würden sie ihre Beziehung nicht länger aufrechterhalten wollen, sollte ihr Partner nicht ebenso offen sein. Das ist eine realistische Möglichkeit, und Sie müssen sich ihr stellen, wenn Sie Ihre Ganzheit anstreben. Wollen Sie lieber aufgeben, um Ihre Beziehung zu retten, oder sind Sie bereit, die Beziehung zu verlieren, um dafür Ihre Ganzheit und persönliche Macht zu finden?

- Die Angst, wenn Sie die Verantwortung für Ihr eigenes Glück, für Ihren Schmerz und Ihr Selbstwertgefühl übernehmen, würden Sie von anderen niemals die Liebe erhalten, die Sie sich wünschen, und Sie würden einsam enden:

Man glaubt häufig, man würde nur dann geliebt, wenn man abhängig und bedürftig sei, wenn man jedoch eine runde Persönlichkeit und unabhängig wäre, würde man einsam enden. Die Wahrheit ist, daß wir andere Menschen mit unserer Abhängigkeit verjagen. Wir müssen unabhängig werden, bevor wir in eine Wechselbeziehung treten können. Eine Wechselbeziehung entsteht, wenn zwei runde Persönlichkeiten sich einander mitteilen und sich umeinander kümmern, ohne sich ängstlich zu umsorgen.

- Die Angst, wenn Sie die Absicht zu lernen aufgreifen und sich um sich selbst kümmern, würde man Sie für selbstsüchtig halten. Die Angst, daß Sie nicht das Recht haben, sich auch um sich selbst zu kümmern:

Vielen von uns wurde beigebracht, es wäre selbstsüchtig, sich um sich selbst zu kümmern. Die Wahrheit ist, wer sich um sich selbst kümmert, übt persönliche Verantwortung; wir sind selbstsüchtig, wenn wir von anderen erwarten, daß sie sich um uns kümmern. Wenn Menschen, die von uns erwarten, daß wir sie umsorgen, uns selbstsüchtig nennen, wenn wir uns um uns selbst kümmern, ist es die Aufgabe unseres liebevollen Erwachsenen, unserem Kind zu versichern, daß wir für die Gefühle anderer nicht verantwortlich sind. Es ist nicht nur unser Recht, uns um uns selbst zu kümmern, es ist unsere Verantwortung.

- ❑ Die Angst, wenn Sie sich um sich selbst kümmern, würden Sie eine Beziehung nicht länger wollen oder brauchen:

In unseren Workshops werden wir bisweilen gefragt: »Wenn ich mich wirklich um mich selbst kümmere, warum sollte ich dann noch eine Beziehung wollen oder brauchen?« Die Antwort lautet: um zu teilen, zu lernen, zu wachsen und Ihre Liebe zu geben. Je mehr wir uns innerlich füllen, desto mehr Liebe haben wir zu geben und desto mehr wollen wir sie auch geben. Wenn wir innerlich leer sind, weil unser Erwachsener sich nicht um unser Kind kümmert, gehen wir Beziehungen ein, um Liebe zu erhalten, wenn wir jedoch erfüllt sind, gehen wir Beziehungen ein, um unsere Liebe zu geben. Darüber hinaus suchen wir spirituelle Partner, die uns helfen, immer mehr zu wachsen und immer liebevoller zu werden.

Eine Absichtserklärung verfassen

Eine Möglichkeit, sich selbst aus der Sackgasse zu befreien, besteht darin, eine Absichtserklärung zu verfassen, wenn Sie sich klar und offen fühlen. Erklären Sie Ihre Absicht, von und mit Ihrem inneren Kind und Ihrer Höheren Macht zu lernen. Schreiben Sie auf, warum dies für Sie wichtig ist und wie Sie davon profitiert haben, offen zu sein für das Lernen. Listen Sie die Dinge auf, die Sie in der Vergangenheit getan haben und die Sie öffneten, als Sie sich in der Absicht zu schützen befanden und in Ihrem Schutz feststeckten. Schreiben Sie über Ihre Verpflichtung zu lernen, Ihr inneres Kind zu lieben, und warum Sie Ihr Kind schätzen. Wenn Sie dann einmal wieder feststecken, lesen Sie Ihre Absichtserklärung. Sie wird Sie daran erinnern, warum es wichtig für Sie ist, offen zu sein, zu lernen und Verantwortung für Ihr Kind zu übernehmen.

Wenn Sie sich jetzt offen und bereit fühlen, verfassen Sie Ihre Absichtserklärung:

Wir alle stecken hin und wieder fest. Wenn Sie sich wie in einer Sackgasse fühlen, lesen Sie die Liste der falschen Glaubensmuster in diesem Kapitel, gehen Sie die Möglichkeiten durch, sich die Absicht zu lernen zu eigen zu machen, die in Kapitel 6 aufgeführt sind, bitten Sie Ihre Höhere Macht um Hilfe, und lesen Sie Ihre Absichtserklärung. Es gibt Zeiten, da ist es nötig, die Hilfe einer Therapeutin in Anspruch zu nehmen, insbesondere, wenn Erinnerungen an Mißbrauch hochkommen oder wenn Sie sich in einer co-abhängigen Beziehung befinden und Schwierigkeiten haben, Ihren Anteil daran zu erkennen. Manchmal können Lebenssituationen wie ein neues Baby, eine neue Stelle, Entlassung, Kinder, die das Zuhause verlassen, eine Scheidung, der Umzug in eine neue Stadt, die Unfähigkeit, einen Partner zu finden, oder der Tod eines geliebten Menschen zu schwierig sein, als daß wir ohne professionelle Hilfe damit umgehen könnten. Es ist immer vorteilhaft, einen objektiven Menschen zu haben, an den Sie sich wenden können, wann immer Sie Hilfe in Ihrem Heilungsprozeß benötigen. Vielleicht benötigen Sie schon professionelle Hilfe, um den Inner-Bonding-Prozeß zu initiieren. Sie brauchen möglicherweise die Sicherheit einer Therapeutenpraxis, um über Ihr Kind lernen zu können.

Wenn Sie feststecken und loskommen wollen, kommt es im Grunde nur auf eines an: Sind Sie bereit, sich die Absicht zu lernen zu eigen zu machen und sich der Angst und dem Schmerz Ihres inneren Kindes zu stellen, oder sind Sie nicht bereit, dieser Angst und diesem Schmerz gegenüberzutreten? Wenn Ihre oberste Priorität darin besteht, sich selbst und anderen gegenüber ein liebevoller Mensch zu sein, wenn Ihnen dies wichtiger ist als der Schutz vor Ihren Ängsten und Ihrem Schmerz, dann werden Sie sich aus der Stagnation lösen können.

Wir möchten dieses Kapitel mit einer Visualisierung beenden, die Ihnen helfen kann, weiterzukommen, wenn Sie feststecken.

Visualisierung der Vergebung und der Anerkennung

Sie können die folgende Visualisierung still lesen, Sie können sie sich aber auch vorlesen lassen. Wenn Sie sie bei leiser Musik lesen, kann Ihnen das helfen, sich zu entspannen. Setzen Sie sich zu dieser Visualisierung auf einen bequemen Stuhl, und nehmen Sie Ihre Puppe bzw. Ihren Bären in den Arm.

Machen Sie es sich auf Ihrem Stuhl gemütlich. ... Wenn Ihnen jemand vorliest, schließen Sie Ihre Augen. ... Nehmen Sie einige tiefe, entspannende Atemzüge. Wenn Sie ausatmen, lassen Sie alle Anspannung los. ... Achten Sie darauf, welcher Teil Ihres Körpers am verspanntesten ist – die Beine, der Brustkasten, die Schultern, die Stirn. Atmen Sie hinein, und lassen Sie einfach los. ... Lassen Sie Ihre Schultern fallen, ... lockern und entspannen Sie Ihren Kiefer, ... Ihr Körper wird völlig vom Stuhl getragen, ... Sie sind völlig entspannt.

Richten Sie Ihr Bewußtsein nach innen, und sehen Sie, was Sie als erwachsenes Kind tun, wenn Sie sich wütend oder verletzt oder ängstlich oder einsam oder in Trauer fühlen. Wie gehen Sie mit Ihren schwierigen oder schmerzlichen Gefühlen um? Essen Sie, nehmen Sie Beruhigungsmittel, trinken Sie, nehmen Sie Drogen? Werden Sie wütend, und geben Sie anderen die Schuld für Ihre Gefühle? Ignorieren Sie Ihre Gefühle so lange, bis Sie krank werden? Gehen Sie einer bestimmten Tätigkeit nach, wie beispielsweise arbeiten oder fernsehen, in der Hoffnung, dadurch Ihre Gefühle auszulöschen? Tun Sie Ihre Gefühle als dumm oder als Überreaktion ab? Beschimpfen Sie sich für diese Gefühle, sagen Sie sich, es müsse etwas mit Ihnen nicht stimmen wegen dieser Gefühle? Umsorgen Sie die schwierigen oder schmerzlichen Gefühle anderer, während Sie Ihre eigenen ignorieren? Stecken Sie in Elend und Depression fest?

Spüren Sie jetzt das Kind in Ihnen. Wie fühlen Sie sich als inneres Kind, wenn Ihr erwachsenes Kind Ihre Gefühle ignoriert, beschimpft, kritisiert, abwertet, nährt oder auslöscht? Fühlen Sie sich einsam, ängstlich, unwichtig, wütend, niedergeschlagen, eingeschüchtert, überwältigt? Gehen Sie in Ihren Körper, und spüren Sie, wie es sich anfühlt, allein in Ihrem Körper zu sein, ohne einen Erwachsenen, der Sie liebt und sich um Sie kümmert.

Werden Sie nun wieder zu Ihrem erwachsenen Kind, und betrachten Sie Ihr inneres Kind – sehen Sie, wie es sich fühlt, wenn Sie sich ihm gegenüber lieblos verhalten.

Sprechen Sie jetzt mit Ihrem Kind, und nennen Sie eine der Vorgehensweisen, wie Sie sich lieblos Ihrem inneren Kind gegenüber verhalten ...

Werden Sie dann zu Ihrem Kind, spüren Sie den Schmerz in sich, wenn Ihr erwachsenes Kind lieblos zu Ihnen ist, und erzählen Sie Ihrem erwachsenen Kind von Ihrer Wut und Ihrem Schmerz ...

Wiederholen Sie dies so lange, bis Sie Ihrem Kind alle Vorgehensweisen genannt haben, wie Sie Ihres Wissens nach lieblos zu ihm sind, und Ihr Kind darauf mit seinen Gefühlen geantwortet hat. Denken Sie an so viele lieblose Vorgehenswei-

sen, wie Sie nur können. Gehen Sie mit geschlossenen Augen so tief, wie Sie nur können ...

Sprechen Sie jetzt als Erwachsener aus Ihrem Herzen, teilen Sie Ihre Trauer mit Ihrem inneren Kind, Ihre Trauer darüber, daß Sie nicht wußten, wie Sie es lieben sollten.

Erinnern Sie sich jetzt an all die Momente, in denen Sie sich selbst gegenüber lieblos waren, und erkennen Sie, daß Sie guten Grund hatten, lieblos zu sein – daß alles daran lag, was Sie von den Erwachsenen um sich herum lernten, sowie an Ihren Ängsten und falschen Glaubensmustern.

Konzentrieren Sie sich auf Ihr Herz, und sagen Sie zu sich selbst: »Ich vergebe mir für die Lieblosigkeit, mit der ich mein inneres Kind behandelt habe. Ich vergebe mir dafür, daß ich nicht wußte, wie ich mich selbst lieben sollte. Ich vergebe mir und öffne mich jetzt und lerne, wie ich mich selbst und andere lieben kann.«

Lassen Sie diese Vergebung in sich hineinsinken, spüren Sie die Heilung in Ihrem Innern und wie Frieden in Ihnen einkehrt ...

Lassen Sie nun aus Ihrem liebevollen Erwachsenen heraus Ihr erwachsenes Kind wissen, daß Sie seine Bemühungen, Sie vor Ihrem Schmerz zu schützen, zu schätzen wissen. Sagen Sie zu Ihrem erwachsenen Kind: »Danke, daß du all diese Jahre für mich da warst und dein Bestes versucht hast, mich nicht allzuviel Schmerz spüren zu lassen. Ich weiß, du hast immer das Beste gegeben, und ich möchte dich wissen lassen, daß ich deine Bemühungen wirklich zu schätzen weiß. Jetzt ist es für dich an der Zeit, wieder zum Kind zu werden, weil ich lerne, ein liebevoller Erwachsener zu sein. Ich lerne neue Möglichkeiten, mit unserem Schmerz umzugehen. Das bedeutet, du kannst dich entspannen und spielen und schöpferisch tätig sein, und du mußt dich nicht länger darum sorgen, wie wir die Dinge angehen. Ich werde sicherstellen, daß du dich geliebt und sicher fühlst, damit all die Energie, die in Schutzmaßnahmen geflossen ist, jetzt in den Lernprozeß und in die Liebe fließen kann. Ich liebe dich. Nochmals danke für alles, was du für mich getan hast.«

Spüren Sie Ihre Einwilligung, zu lernen und zu lieben, mitfühlend und einfühlsam zu sein, anstatt zu schützen und zu vermeiden ... Und jetzt umarmen Sie Ihre Puppe bzw. Ihren Bären.

11

Inner Bonding feiern

Die nötige Arbeit zu tun, um zwischen Ihrem Erwachsenen und Ihrem inneren Kind ein liebevolles Inner Bonding zu schaffen und die Wunden der Vergangenheit zu heilen, erfordert Zeit und Hingabe. Aber die Ergebnisse machen es wieder wett. Die Ergebnisse sind geradezu ein Wunder. Eine liebevolle Verbindung mit unserem inneren Kind erschafft die Dinge, die wir uns vom Leben am stärksten wünschen:

- Verbindung mit unserer Höheren Macht
- ein hohes Selbstwertgefühl und das Gefühl, eine runde Persönlichkeit zu sein
- persönliche Macht (die sanfte Macht der Macht über uns selbst, nicht die harte Macht der Macht über andere)
- inneren Frieden und ein Gefühl der Sicherheit
- liebevolle Beziehungen
- Freude und Leidenschaft

Wenn wir unsere Handlungen bewerten – der sechste Schritt des Inner Bonding – und in uns Gefühle der Ganzheitlichkeit, des Friedens und der Freude finden, wissen wir, daß wir selbst liebevoll sind.

Verbindung mit unserer Höheren Macht

Wenn der Erwachsene und das Kind durch unsere Absicht zu lernen und unsere Bereitschaft, liebevoll zu handeln, innerlich liebevoll verbunden sind, befinden wir uns in unserem Höheren Selbst, dem Kanal, durch den die Liebe und die Wahrheit unserer Höheren Macht strömt.

Selbstwertgefühl und die runde Persönlichkeit

Selbstwertgefühl und das Gefühl, innerlich eine runde Persönlichkeit zu sein, sind die Folge, wenn unser Erwachsener liebevoll zu unserem inneren Kind ist. Je mehr wir lernen, die Person zu schätzen, die wir wirklich sind, je öfter wir die Verantwortung für unsere eigenen Gefühle, Wünsche und Bedürfnisse übernehmen, je häufiger wir uns in Konflikten mit anderen liebevoll verhalten, desto besser fühlen wir uns. Unser inneres Kind wird nur dann wissen, ob es wichtig, liebenswert und wertvoll ist, wenn unser Erwachsener das Kind mit Liebe und Respekt behandelt. Durch das Inner Bonding lernen wir, daß unsere besten Gefühle nicht von außerhalb unserer selbst kommen, sondern aus der Liebe zu uns selbst und zu anderen. Darum geht es beim Inner Bonding.

Persönliche Macht

Persönliche Macht ist die Macht, unsere eigenen Entscheidungen zu treffen, um unsere Träume zu verwirklichen. Es ist diese innere Erfahrung, zu wissen, daß wir uns dafür entscheiden können, unseren alten Schmerz zu heilen, liebevoll zu handeln, um den Schmerz der Gegenwart zu lindern und uns Freude zu bringen. Inner Bonding führt uns heraus aus dem Gefühl, Opfer der Entscheidungen anderer zu sein, und in die Macht unserer eigenen Entscheidungen.

Innerer Frieden und ein Gefühl der Sicherheit

Wir fühlen uns friedvoll, wenn unser Erwachsener und unser Kind in Harmonie leben und wenn wir uns in Harmonie mit anderen und mit dem Universum befinden. Inner Bonding gibt uns Werkzeuge an die Hand, um unsere inneren und äußeren Konflikte zu lösen und so diesen inneren Frieden zu finden.

Wir fühlen uns sicher, wenn wir einen liebevollen Erwachsenen haben, der sich um uns in dieser Welt kümmert, der sicherstellt, daß wir alles haben, was wir brauchen, und der sich gegenüber anderen für uns einsetzt, indem er angemessene Grenzen zieht.

Liebevolle Beziehungen

Wenn wir lernen, uns selbst in der Gegenwart zu lieben und die Wunden der Vergangenheit zu heilen, werden wir uns von dem co-abhängigen Verhalten entfernen, das liebevolle Beziehungen aushöhlt. Unsere Beziehungen werden liebevoller und harmonischer. Menschen, die unser persönliches Wachstum und unser höchstes Gutes nicht unterstützen, werden wahrscheinlich auf der Strecke bleiben. Dafür entstehen neue, respektvolle und zuträgliche Beziehungen. Wenn wir uns von der Abhängigkeit in die Unabhängigkeit begeben, können wir die gegenseitige Abhängigkeit einer liebevollen Beziehung erlangen.

Freude und Leidenschaft

Wenn wir uns für die Absicht zu lernen entscheiden und offen sind, unseren Schmerz zu fühlen und zu heilen, öffnen wir auch die Tür zu Freude und Leidenschaft.

In Kapitel 5 haben wir einige der Talente aufgeführt, mit denen Menschen auf die Welt kommen. Wenn Sie sich öffnen und Ihr inneres Kind kennen- und liebenlernen, werden Sie herausfinden, wieviel Freude es Ihnen bereiten kann, Ihre Talente zu pflegen. Es kann einige Zeit des Inner Bonding erfordern, bevor Ihr Kind Ihnen Zugang zu seinen Leidenschaften gewährt, aber wenn dies geschieht, werden Sie sie hoffentlich ausleben. Wenn Sie den folgenden Fragebogen ausfüllen, werden Ihnen vielleicht einige der Dinge bewußt, die Ihrem Kind Freude machen. Was wollten Sie schon immer tun, haben es aber aus irgendeinem Grund nie getan?

Ich wollte schon immer einer der folgenden körperlichen Aktivitäten nachgehen (kreuzen Sie die zutreffenden Punkte an):

➢ ❑ Skilaufen, Abfahrtslauf
❑ Skilanglauf
❑ Snowmobil fahren
❑ Schlitten fahren
❑ Wandern
❑ Baseball
❑ American Football
❑ Basketball
❑ Fußball

- ❑ Volleyball
- ❑ Eishockey
- ❑ Wasserski
- ❑ Schwimmen
- ❑ Tauchen
- ❑ Gymnastik
- ❑ Radfahren, Mountainbiking
- ❑ Rennsport
- ❑ Reiten
- ❑ Langlauf
- ❑ Walking
- ❑ Ballett
- ❑ Jazztanz
- ❑ klassische Tänze
- ❑ Volkstanz
- ❑ Squaredance
- ❑ Aerobics
- ❑ Gewichtheben, Bodybuilding
- ❑ Selbstverteidigung, Kampfsport
- ❑ Motorflugsport
- ❑ Segelfliegen
- ❑ Drachenfliegen
- ❑ Heißluftballon fliegen
- ❑ Fallschirmspringen
- ❑ Gleitschirmfliegen
- ❑ Bungeespringen
- ❑ Windsurfen
- ❑ Surfen
- ❑ Paragliding
- ❑ Rollschuhlauf
- ❑ Eiskunstlauf
- ❑ Skateboard fahren
- ❑ Sporttauchen
- ❑ Schnorcheln
- ❑ Vögel beobachten
- ❑ Segeln
- ❑ Kanu fahren
- ❑ Kajak fahren
- ❑ Floß fahren
- ❑ Fischen, Angeln
- ❑ Campen
- ❑ Rucksacktouren

- ❑ Bergsteigen
- ❑ Felsklettern
- ❑ Scheibenschießen
- ❑ Fechten
- ❑ Motorradsport, Moto-Cross
- ❑ Tennis
- ❑ Bowling
- ❑ Golf
- ❑ Racquetball, Squash
- ❑ Badminton
- ❑ Rugby
- ❑ Bogenschießen
- ❑ Krocket
- ❑ Reisen

➢ Ich wollte bei den folgenden Interessen, kreativen Aktivitäten und Hobbys immer schon einen Kurs belegen oder auf eigene Faust mehr darüber lernen:

- ❑ Astronomie
- ❑ Elektronik
- ❑ Amateurfunken
- ❑ Gesang
- ❑ Musikhören
- ❑ Komponieren oder Musikstücke arrangieren
- ❑ ein Instrument spielen
- ❑ Tanzen
- ❑ Gedichte schreiben
- ❑ ein Tagebuch führen
- ❑ Kurzgeschichten schreiben
- ❑ Bühnenstücke schreiben
- ❑ Romane schreiben
- ❑ Sachbücher schreiben
- ❑ Kinderbücher schreiben
- ❑ Briefe schreiben
- ❑ Kochen
- ❑ Backen
- ❑ Kuchen dekorieren
- ❑ Einkochen
- ❑ Zeichnen
- ❑ Malen
- ❑ Bildhauern

- ❑ Computerkunst
- ❑ Cartoons zeichnen
- ❑ Schnitzen
- ❑ Töpfern
- ❑ Holzschnitte, Radierungen
- ❑ Photographieren
- ❑ Kalligraphie
- ❑ Petit-Point-Stickerei
- ❑ Glasmalerei
- ❑ Knüpfen
- ❑ Lederarbeiten
- ❑ Weben
- ❑ Spinnen
- ❑ Stricken
- ❑ Sticken
- ❑ Häkeln
- ❑ Knüpfbatik
- ❑ Quilts nähen
- ❑ Schmuck herstellen
- ❑ andere handwerkliche Künste
- ❑ Modellflugzeuge, -schiffe, -raketen basteln
- ❑ Modellflugzeuge oder -raketen fliegen lassen
- ❑ Modelleisenbahn
- ❑ Schauspielerei
- ❑ Filme machen
- ❑ Autos reparieren
- ❑ Autos restaurieren
- ❑ Gartenarbeit
- ❑ Gartenbau
- ❑ Blumen arrangieren
- ❑ Nähen
- ❑ Kleider entwerfen
- ❑ Brettspiele
- ❑ Kartenspiele
- ❑ Videospiele
- ❑ andere Spiele
- ❑ Tierzucht
- ❑ Tiere dressieren
- ❑ Briefmarken sammeln
- ❑ Münzen sammeln
- ❑ Mineralien sammeln
- ❑ Edelsteine sammeln

- ❑ andere Dinge sammeln
- ❑ Holzarbeiten
- ❑ Möbel herstellen
- ❑ Möbel restaurieren
- ❑ Innenausstattung
- ❑ Jonglieren
- ❑ Zaubertricks
- ❑ Sprachen
- ❑ Geschichte
- ❑ Politik
- ❑ Vorträge halten
- ❑ Computer programmieren
- ❑ Psychologie, Selbsthilfe
- ❑ Metaphysik
- ❑ vergleichende Religionswissenschaft
- ❑ Meditation
- ❑ Spiritualität
- ❑ Ernährungswissenschaft

Dienst an der Gemeinschaft:

- ❑ Umweltschutz
- ❑ Hilfe für Obdachlose
- ❑ Initiative gegen Kindesmißbrauch
- ❑ Hilfe für geschlagene Frauen
- ❑ Rechte der Tiere
- ❑ Erziehung und Bildung
- ❑ Gesundheitsforschung (Krebs, Aids usw.)
- ❑ Versorgung der älteren Bevölkerung
- ❑ Initiativen gegen den Hunger in der Welt
- ❑ Bürgerrechtsorganisationen
- ❑ freiwillige Hilfsdienste im Krankenhaus
- ❑ freiwillige Hilfsdienste im Altenheim
- ❑ freiwillige Hilfsdienste im Gefängnis
- ❑ Rehabilitation Drogensüchtiger
- ❑ politische Kampagnen

Wenn Sie mit Ihrer Arbeit unzufrieden sind, sollten Sie sich auf Ihre Interessen und Talente einstimmen und diese weiterverfolgen. Das führt häufig zu neuen Arbeitsmöglichkeiten.

Viele von uns hatten Eltern, die uns beibrachten, sobald wir etwas ausprobierten, müßten wir dabeibleiben, selbst wenn wir es nicht mochten oder es uns langweilte. Das ist eine sehr begrenzende Einstellung:

Häufig ist es schwierig, neue Dinge auszuprobieren, wenn wir glauben, wir würden aufgrund unserer Wahl eine dauerhafte Verpflichtung eingehen. Wenn wir die Tür öffnen und neue Dinge ausprobieren, müssen wir unserem inneren Kind die Erlaubnis geben, auch aufzuhören oder zu scheitern. Wir müssen das Aufhören und das Scheitern als Teil des Lernprozesses sehen, herauszufinden, was wir wollen und was wir nicht wollen, können und nicht können, anstatt als Makel in bezug auf unseren Wert als Mensch.

Wenn Sie sich selbst erlauben, neue Dinge auszuprobieren, ohne an diesen festzukleben, so führt Sie das häufig zu weiteren Entdeckungen. Ein Sport führt zum nächsten, der befriedigender ist. Eine kreative Aktivität oder ein kreatives Interesse kann ein Sprungbrett sein und schließlich zu einem neuen Beruf oder gar einem neuen Lebensstil führen. Bleiben Sie offen, lernen Sie immer mehr über Ihre Leidenschaften, und handeln Sie entsprechend. Das ist Teil der Verantwortung für Ihre Freude.

Haben Ihre Überzeugungen und Gefühle über Ihr inneres Kind sich geändert, seit Sie mit der Lektüre dieses Arbeitsbuches begonnen haben? Blättern Sie zurück zu den Schlußübungen in Kapitel 2, und lesen Sie noch einmal, was Sie dort geschrieben haben. Wie sehen Ihre Überzeugungen und Gefühle jetzt aus?

Visualisierung – Verpflichtung und Verbindung

Wir schließen dieses Arbeitsbuch mit einer kurzen Visualisierung, die Sie immer dann durchführen können, wenn Sie das Gefühl haben, Sie bräuchten Unterstützung in Ihrer Entscheidung, Ihr inneres Kind zu lieben.

Sie können die folgende Visualisierung lautlos lesen, Sie können sie sich aber auch vorlesen lassen. Wenn Sie sie bei leiser Musik lesen, kann Ihnen das helfen, sich zu entspannen. Setzen Sie sich zu dieser Visualisierung auf einen bequemen Stuhl, und nehmen Sie Ihre Puppe bzw. Ihren Bären in den Arm.

Machen Sie es sich auf Ihrem Stuhl gemütlich. ... Wenn Ihnen jemand vorliest, schließen Sie Ihre Augen. ... Nehmen Sie einige tiefe, entspannende Atemzüge. Wenn Sie ausatmen, lassen Sie alle Anspannung los. ... Achten Sie darauf, welcher Teil Ihres Körpers am verspanntesten ist – die Beine, der Brustkasten, die Schultern, die Stirn. Atmen Sie hinein, und lassen Sie einfach los. ... Lassen Sie Ihre Schultern fallen, ... lockern und entspannen Sie Ihren Kiefer, ... Ihr Körper wird völlig vom Stuhl getragen, ... Sie sind völlig entspannt.

Stellen Sie sich ein herrliches, warmes weißgoldenes Licht über Ihrem Kopf vor, das Licht der Liebe und der Wahrheit. Visualisieren Sie, wie dieses Licht sich auf Ihren Kopf senkt und langsam Ihren Körper hinuntergleitet und Ihren ganzen Körper mit dem warmen Licht der Liebe und der Wahrheit anfüllt. Spüren Sie, wie dieses Licht Sie mit allen Lebewesen vereint und Ihnen ein Gefühl der Harmonie, der Ehrfurcht und des Einssein mit allem Leben verleiht.

Sagen Sie zu sich selbst oder sprechen Sie laut aus: »Ich verpflichte mich, mein Kind zu lieben und mit der Absicht zu leben, von meinem Kind und meiner Höheren Macht zu lernen und täglich einen Dialog zu führen, bis die Verbindung mit meinem Kind und meiner Höheren Macht eine Dauereinrichtung ist, so daß ich mich ständig in bewußter Verbindung mit den Gefühlen und den Bedürfnissen meines Kindes und mit der Liebe und Wahrheit meiner Höheren Macht befinde. Ich verpflichte mich, die Verantwortung für die Gefühle meines Kindes zu übernehmen – dafür, alte Wunden zu heilen, den Schmerz der Gegenwart durch liebevolles Handeln zu lindern und entsprechende Maßnahmen zu ergreifen, um meinem Kind Freude zu bringen. Ich verpflichte mich, ein Gleichgewicht zwischen Arbeit und Spiel zu schaffen.

Ich kann mich vom heutigen Tag an emporschwingen, indem ich das Beste für mich erschaffe und das Beste von mir gebe; indem ich zuerst meine Hand in

Freundschaft ausstrecke, ohne mein Selbstgefühl zu verlieren; indem ich erkenne, daß meine Träume besondere Träume sind, die ich mir selbst, den Menschen, die ich liebe, und dem Planeten schenke. Ich verpflichte mich vor allem anderen dazu, meinem inneren Kind ein liebevoller Erwachsener und anderen Menschen sowie dem Planeten gegenüber zu einem liebevollen Menschen zu werden.«

Öffnen Sie jetzt Ihre Augen, und umarmen Sie Ihr inneres Kind.

Susanne Fröhlich
Constanze Kleis

Kann weg!
Frau Fröhlich räumt auf

Taschenbuch.
www.ullstein-buchverlage.de

Weg mit dem Balast! Mehr Platz fürs Glück!

Weniger bringt mehr. Das gilt auch für den Aufwand, den wir betreiben, um endlich das Leben zu führen, das wir uns wünschen und verdienen. Zum Glück kann man nicht nur Sockenschubladen und Keller ausmisten, sondern auch Kopf, Geist und Seele.

In ihrem Buch spazieren die Bestseller-Autorinnen Susanne Fröhlich und Constanze Kleis durch den weiblichen Kosmos und zeigen uns, wo die wahren Ballaststoffe liegen, was wegkann und wovon man sich dringend trennen sollte. Ja, auch von blöden Kerlen, Diät-Wahnsinn und Gefühlswirrungen. Und natürlich von ein paar dieser dämlichen Ideen, mit denen wir uns oft selbst im Weg stehen. Am Ende wird das schöne Leben deutlich leichter sein. Versprochen!

ullstein

Sarah Tschernigow

No time to eat
Auf die Schnelle
gesund ernähren

Taschenbuch.
Auch als E-Book erhältlich.
www.ullstein-buchverlage.de

Gesund und schlank to go

Stress, Termine, Verpflichtungen – und das Essen wird zur Nebensache. Wir neigen zu Übergewicht, werden träge und krank. Sarah Tschernigow zeigt, dass gesunde Ernährung auch im stressigen Alltag einfach ist. Dafür müssen wir nur zwei Dinge tun: Jeden Tag wenige Minuten in die Essenszubereitung investieren und unterwegs kluge Entscheidungen treffen. So kommen wir glücklich und gesund mit viel Energie durch den Tag!

ullstein

Antonio R. Damasio

Descartes' Irrtum

Fühlen, Denken und das menschliche Gehirn

Taschenbuch.
Auch als E-Book erhältlich.
www.ullstein-buchverlage.de

Eine der Grundannahmen des westlichen Denkens ist die Trennung von Verstand und Gefühl. Antonio R. Damasio beweist hingegen anhand seiner bahnbrechenden Forschungsergebnisse, dass ohne Gefühle kein vernünftiges Handeln möglich ist und dass Geist und Körper, Rationalität und Emotionen eine weit engere Einheit bilden, als die Philosophie uns weismachen möchte.

Der Weltbestseller des berühmtesten Hirnforschers unserer Zeit.

»Descartes hatte Unrecht. Damasios Schlussfolgerungen bieten eine atemberaubende Versöhnung von Körper und Geist.«
Hessischer Rundfunk

List